Być jak płynąca rzeka

Paulo
Coelho

Być jak płynąca rzeka

Myśli i impresje 1998-2005

Z portugalskiego przełożyła
Zofia Stanisławska-Kocińska

Świat Książki

Tytuł oryginału
SER COMO O RIO QUE FLUI...

Redaktor prowadzący
Elżbieta Kobusińska

Redakcja merytoryczna
Maria Radzimińska

Redakcja techniczna
Lidia Lamparska

Korekta
Marianna Filipkowska
Jolanta Rososińska

Świat Książki
Warszawa 2006
Bertelsmann Media sp. z o.o.
ul. Rosoła 10, 02-786 Warszawa

Skład i łamanie
Joanna Duchnowska

Druk i oprawa
GGP Media GmbH, Pössneck

Oprawa twarda
ISBN 978-83-247-0085-1
ISBN 83-247-0085-4
Nr 5371

Oprawa miękka
ISBN 978-83-247-0645-7
ISBN 83-247-0645-3
Nr 5938

Być jak płynąca rzeka
Milcząc w środku nocy
Bez strachu przed jej mrokiem
Gdy na niebie gwiazdy – być ich odbiciem
Kiedy niebo zaciąży chmurami
A chmury jak rzeka wodą się staną
Być ich odbiciem beztroskim
W spokojnych głębinach

Manoel Bandeira

Wstęp

Kiedy miałem piętnaście lat, powiedziałem matce:

– Odkryłem swoje powołanie. Chcę być pisarzem.

– Synu – odparła ze smutkiem matka – twój ojciec został inżynierem. Jest człowiekiem myślącym logicznie, rozsądnym, praktycznie patrzy na świat. Wiesz, czym się zajmuje pisarz?

– Pisze książki.

– Twój wujek Haroldo jest lekarzem i też pisze książki, a kilka nawet wydał. Zostań inżynierem, a w wolnych chwilach pisz książki.

– Nie, mamo. Ja chcę być tylko pisarzem, a nie inżynierem piszącym książki.

– A czy ty w ogóle znasz jakiegoś pisarza? Widziałeś kiedyś pisarza?

– Nie widziałem. Jedynie na zdjęciach.

– No to jak chcesz zostać pisarzem, skoro nie wiesz, co to znaczy?

Aby odpowiedzieć matce, postanowiłem zrobić dokładny wywiad. Oto co na początku lat sześćdziesiątych odkryłem na temat zawodu pisarza:

Pisarz zawsze nosi okulary i niezbyt dokładnie się czesze. Połowę czasu spędza obrażony na świat, drugą połowę w depresji. Mieszka w barach, dyskutując z innymi rozczochranymi pisarzami okularnikami. Mówi pokrętnie. Ma niesamowite pomysły na swoją kolejną powieść i nienawidzi tej, którą właśnie wydał.

Pisarz ma potrzebę – ba, wręcz obowiązek – być niezrozumianym przez swoje pokolenie, inaczej nigdy nie zostanie uznany za geniusza. Dlatego jest przekonany, że urodził się w czasach powszechnej miernoty. Bez końca zmienia i poprawia każde napisane przez siebie zdanie. Słownictwo przeciętnego człowieka obejmuje trzy tysiące słów, ale prawdziwy pisarz ich nie używa, ponieważ w słowniku jest jeszcze 189 tysięcy haseł, a on nie jest człowiekiem zwyczajnym.

Tylko koledzy po piórze rozumieją, co pisarz chciał powiedzieć. Jednak on nienawidzi ich w duchu, ponieważ chcą zająć to samo wolne miejsce, które historia literatury, idąc przez wieki, zostawia właśnie jemu.

Pisarz rozumie tematy, których same nazwy budzą lęk: semiotyka, epistemologia, neokonkretyzm.

Gdy pisarz chce kogoś zaskoczyć, mówi na przykład: „Einstein był kretynem" albo „Tołstoj to burżuazyjny pajac". Wszyscy są oburzeni, ale powtarzają, że teoria względności jest chybiona, a Tołstoj bronił rosyjskiej arystokracji.

Pisarz, chcąc uwieść kobietę, mówi: „Jestem pisarzem" i gryzmoli na serwetce wiersz – to zawsze działa.

Będąc wielkim erudytą, pisarz zawsze znajdzie pracę jako krytyk literacki. Jest to jedyna chwila, gdy okazuje dobroduszność, pisząc o książkach swych kolegów. Krytyka w połowie składa się z cytatów zaczerpniętych z obcych autorów, w połowie zaś z analiz tekstu, zawierających takie sformułowania, jak: „konstrukcja epistemologiczna" lub „wizja wpisująca się w główny wątek". Gdy ktoś to czyta, myśli: „Ale mądry facet", po czym rezygnuje z kupienia książki, gdyż nie ma pojęcia, jak ją czytać, gdy natknie się na „konstrukcję epistemologiczną".

Pisarz, zagadnięty, co obecnie czyta, zwykle cytuje książkę, o której nikt nie słyszał.

Istnieje tylko jeden utwór, który budzi zgodny podziw pisarza i jego kolegów: *Ulisses* Jamesa Joyce'a. Pisarz nigdy nie mówi o tej powieści źle, ale gdy go zapytać, o czym jest, nie potrafi jasno odpowiedzieć, co budzi podejrzenia, że może jej nie czytał. To bardzo dziwne, że *Ulisses* nie doczekał się wznowienia, skoro wszyscy pisarze uważają go za arcydzieło. Może przyczyną jest głupota wydawców, którym koło nosa przechodzi okazja zbicia fortuny na książce przez wszystkich znanej i lubianej.

Uzbrojony w powyższą wiedzę, wróciłem do matki i dokładnie wytłumaczyłem jej, kim jest pisarz. Była trochę zdziwiona.

– Łatwiej być inżynierem – skwitowała. – Poza tym nie nosisz okularów.

Za to chodziłem rozczochrany, z paczką gauloises'ów w kieszeni i tekstem sztuki pod pachą (nosiła tytuł *Limites da Resistência**, którą – ku mojej radości – pewien krytyk uznał za „najbardziej zwariowany spektakl"). Studiowałem Hegla i mimo wszystko byłem zdecydowany przeczytać *Ulissesa*. Aż pewnego dnia zjawił się u mnie muzyk rockowy, poprosił, abym napisał słowa do jego piosenek, czym wybił mi z głowy poszukiwanie drogi do wieczności i sprawił, że wróciłem na ścieżkę zwykłych ludzi.

Później dzięki temu zjeździłem pół świata, zmieniając kraje częściej niż buty, jak mawiał Bertolt Brecht. Na kolejnych stronach znajdują się wspomnienia przeżytych chwil, historie, które mi opowiedziano, refleksje towarzyszące kolejnym etapom mojej życiowej wędrówki.

Zamieszczone tutaj teksty ukazały się w prasie na całym świecie, a teraz zostały specjalnie zebrane na prośbę czytelników.

Autor

---

* Granice oporu (przyp. red.).

Dzień w wiatraku

Moje życie w tej chwili przypomina symfonię składającą się z trzech części o odmiennym tempie: „dużo ludzi", „mało ludzi" i „brak ludzi". Każda z nich trwa mniej więcej cztery miesiące w roku, często przeplatając się ze sobą w ciągu jednego miesiąca, ale nigdy nie mieszając.

„Dużo ludzi" to czas spotkań z publicznością, wydawcami, dziennikarzami. „Mało ludzi" zaczyna się, gdy wyjeżdżam do Brazylii, spotykam się ze starymi przyjaciółmi, spaceruję po Copacabanie, idę na przyjęcie, a najczęściej siedzę w domu.

Dzisiaj jednak chciałbym skupić się na części „brak ludzi". Nad pirenejską wioską liczącą dwustu mieszkańców, której nazwę wolałbym przemilczeć, zapada właśnie zmierzch. Niedawno kupiłem tu stary wiatrak przerobiony na dom. Codziennie rano budzę się z pianiem kogutów, piję kawę i wychodzę na spacer pośród krów i baranów, pól kukurydzy i łanów zboża. Podziwiam góry i – w odróżnieniu od tempa „dużo ludzi" – zupełnie nie myślę o tym, kim jestem. Nie mam pytań, więc nie szukam odpowiedzi, żyję wyłącznie chwilą obecną, przypominam sobie o istnieniu czterech pór roku (wiem, że wydaje się to oczywiste, ale czasem o tym zapominamy) i zmieniam się jak ten pejzaż wokół mnie.

W takiej chwili nie obchodzi mnie, co dzieje się w Iraku czy Afganistanie. Jak dla każdego, kto żyje w głębi kraju, najważniejsze są dla mnie informacje o pogodzie. Wszyscy mieszkańcy tej mieściny wiedzą, kiedy będzie padać, zrobi się zimno lub zacznie wiać, ponieważ dotyczy to bezpośrednio ich życia, planów, zbiorów. Widzę rolnika orzącego pole, mówimy sobie „dzień dobry", wymieniamy uwagi na temat prognozy pogody, po czym każdy wraca do swych zajęć, on do swego pola, ja do długiego spaceru.

Wracam, sprawdzam pocztę, w skrzynce znajduję lokalny dziennik. W sąsiedniej wiosce będzie bal; w barze dużego, czterdziestotysięcznego miasta Tarbes odbędzie się konferencja; w nocy ktoś podpalił śmietnik i wezwano strażaków. Tematem elektryzującym okolicznych mieszkańców jest informacja o przyłapaniu grupy ludzi na wycinaniu platanów rosnących wzdłuż wiejskiej drogi. Podobno spowodowały śmierć motocyklisty. Artykuł zajmuje całą stronę i składa się z wywiadów przeprowadzonych w ciągu kilku dni na temat „tajemniczej szajki", która chcąc „pomścić" śmierć chłopaka, niszczyła drzewa.

Kładę się nad brzegiem strumyka przepływającego obok wiatraka. Spoglądam na bezchmurne niebo. W samej Francji upalne lato kosztowało życie pięciu tysięcy osób. Wstaję i idę poćwiczyć *kyudo*, rodzaj medytacji z łukiem i strzałą, co zajmuje mi ponad godzinę dziennie. Zbliża się pora obiadu, przygotowuję więc skromny posiłek i nagle mój wzrok pada na dziwny przedmiot ukryty w zakamarkach starej budowli. Ma monitor i klawiaturę, jest podłączony do sieci – co za cudowna rzecz – łączem o ogromnej szybkości, zwanym DSL-em. Wiem, że z chwilą gdy nacisnę guzik, świat stanie przede mną otworem.

Opieram się, jak tylko mogę, ale wreszcie przychodzi chwila, gdy mój palec naciska klawisz z komendą „połącz" i znów mam kontakt ze światem, z brazylijskimi gazetami, książkami, z wiadomościami z Iraku, Afganistanu. Są prośby o wywiady, których mam udzielić, zawiadomienie, że jutro pocztą przyjdzie bilet lotniczy. Jedne decyzje można odłożyć, inne trzeba podjąć natychmiast.

Pracuję o różnych porach, gdyż taki wybrałem zawód, taka jest moja osobista historia, bo wojownik światła wie, jakie ma powinności i zobowiązania. Jednak w symfonicznej części „brak ludzi" wszystko, co pojawia się na monitorze komputera, zdaje się dalekie, tak jak wiatrak staje się snem, gdy wpadam w rytm „dużo" lub „mało" ludzi.

Zachodzi słońce, komputer wyłączony, świat na powrót skurczył się do pól, zapachu ziół, ryczenia krów, głosu pastucha zapędzającego owce do obory obok wiatraka.

Zastanawiam się, jak to się dzieje, że w ciągu jednego dnia mogę znaleźć się w dwóch tak odmiennych światach. Nie znam odpowiedzi, ale wiem, że sprawia mi to radość i odczuwam przyjemność, pisząc te słowa.

Człowiek, który wierzył w swoje sny

Urodziłem się w szpitalu św. Józefa w Rio de Janeiro. Poród był skomplikowany i moja matka oddała mnie pod opiekę temu świętemu, by mnie wspierał. Józef stał się dla mnie stałym punktem odniesienia, a od 1987 roku, od czasu mojej pielgrzymki do Santiago de Compostella, co roku 19 marca wyprawiam przyjęcie na jego cześć. Zapraszam przyjaciół, ludzi pracowitych i uczciwych, i przed kolacją wspólnie modlimy się za wszystkich, którzy starają się godnie wykonywać swoją pracę. Także za bezrobotnych, pozbawionych perspektyw na przyszłość.

W kilku słowach poprzedzających modlitwę zwykle przypominam o tym, że słowo „sen" pojawia się w Nowym Testamencie pięć razy, z czego cztery w odniesieniu do Józefa cieśli. Za każdym razem anioł przekonuje go, by zrobił coś zupełnie innego niż to, co zamierzał.

Anioł nakłania go, by nie opuszczał żony, która jest w ciąży. Mógł przecież powiedzieć: „Co sobie pomyślą sąsiedzi?". Jednak Józef wraca do domu, dając wiarę słowu objawionemu.

Anioł wysyła go do Egiptu. Mógł odpowiedzieć: „Ależ ja tu pracuję, jestem cieślą, mam stałą klientelę, nie mogę wszystkiego tak po prostu zostawić". Jednak pakuje rzeczy i wyjeżdża w nieznane.

Anioł prosi go, by wrócił z Egiptu. Józef mógł znów pomyśleć: „Czy muszę zrobić to właśnie teraz, kiedy udało mi się uporządkować moje życie i mam na utrzymaniu rodzinę?".

Na przekór zdrowemu rozsądkowi Józef robi to, co mu się śniło. Wie, że musi wypełnić zadanie, które stoi przed każdym człowiekiem na ziemi – musi utrzymać rodzinę. Podobnie jak miliony anonimowych Józefów stara się sprostać tej roli, nawet jeśli każe mu się robić rzeczy, których nie pojmuje.

Później zarówno jego żona, jak i syn staną się wielkimi symbolami chrześcijaństwa. Robotnika, trzeci filar rodziny, przypomina się w bożonarodzeniowych szopkach. Pamiętają o nim także ludzie otaczający go specjalną czcią, tacy jak ja czy Leonardo Boff, autor książki o cieśli, do której napisałem wstęp.

Poniżej przytaczam fragment tekstu autorstwa Carlosa Heitora Cony'ego (mam nadzieję, że to rzeczywiście jego tekst, ponieważ znalazłem go w Internecie!):

„Nagle wszyscy się dziwią, że choć jako agnostyk nie akceptuję idei Boga w znaczeniu filozoficznym, moralnym czy religijnym, to uznaję niektórych świętych z naszego ludowego kalendarza. Bóg jest pojęciem, bytem zbyt odległym, zarówno ze względu na moje możliwości, jak i potrzeby. Natomiast święci mają swój ziemski wymiar, ulepieni byli z tej samej gliny co ja i należy im się coś więcej niż podziw.

Jednym z nich jest święty Józef. Ewangelia nie przytacza ani jednego słowa, które by wypowiedział, ale są gesty i wyraźne określenie: *vir iustus*, mąż sprawiedliwy. Ponieważ słowa te dotyczyły cieśli, a nie sędziego, można wnioskować, że Józef był przede wszystkim dobrym człowiekiem. Był dobrym cieślą, dobrym mężem i dobrym ojcem dla chłopca, który w przyszłości podzielił historię świata".

To piękne słowa Cony'ego. Często czytam brednie w rodzaju: „Jezus udał się do Indii, by pobierać nauki od mistrzów w Himalajach". Myślę, że każdy człowiek może uświęcić zadanie, jakie mu powierza życie. Jezus uczył się od Józefa, człowieka sprawiedliwego, który pokazywał mu, jak się robi stoły, krzesła, łóżka.

Często wyobrażam sobie, że stół, przy którym Jezus przemienił chleb i wino, był dziełem Józefa, anonimowego stolarza, który w pocie czoła zarabiał na życie i dzięki niemu mogły objawić się wszystkie te cuda.

Zło chce, by powstało dobro

Irański poeta Rumi opowiedział mi o Muawii, pierwszym kalifie z dynastii Omajjadów. Kiedy pewnego dnia spał w swoim pałacu, obudził go nieznajomy.

– Ktoś ty? – spytał kalif.

– Lucyfer – padła odpowiedź.

– Czego chcesz?

– Już czas na modlitwę, a ty jeszcze śpisz.

Muawija był zaskoczony. Książę ciemności, ten, który czyha na dusze ludzi małej wiary, przypomina mu o religijnych powinnościach?

Lucyfer wyjaśnił:

– Wiesz, że zostałem stworzony jako anioł światła. Wiele w życiu przeszedłem, ale nie potrafię zapomnieć o moim pochodzeniu. Człowiek może pojechać nawet do Rzymu albo do Jerozolimy, ale zawsze zabiera w sercu to, co w jego ojczyźnie było najlepsze. Ze mną jest tak samo. Nadal kocham Stwórcę za to, że mnie karmił za młodu i nauczył czynić dobro. Kiedy zbuntowałem się przeciw Niemu, zrobiłem to nie dlatego, że Go nie kochałem, przeciwnie, kochałem Go tak bardzo, że stałem się zazdrosny, gdy stworzył Adama. Wyzwałem Pana na pojedynek i to był mój koniec. Jednak mimo wszystko nadal pamiętam o łaskach, których dostąpiłem. Może wrócę do raju, jeśli zrobię coś dobrego.

Muawija odpowiedział:

– Trudno mi uwierzyć w twoje słowa. Jesteś odpowiedzialny za zniszczenia i śmierć wielu ludzi na ziemi.

– Uwierz mi – nalegał Lucyfer. – Tylko Bóg może tworzyć i niszczyć, gdyż jest wszechwładny. To On, tworząc człowieka, dał mu takie uczucia, jak pożądanie, żądza zemsty, współczucie i strach. Dlatego gdy widzisz wokół zło, nie obwiniaj mnie, gdyż ja jestem tylko odbiciem tych nieszczęść.

Muawija zaczął się żarliwie modlić, by Bóg go oświecił. Całą noc przesiedział, rozmawiając i spierając się z Lucyferem, i mimo błyskotliwych argumentów nie dawał się przekonać.

Gdy zaczęło świtać, Lucyfer wreszcie dał za wygraną i wyjaśnił:

– Dobrze, masz rację. Kiedy po południu przyszedłem, żeby cię zbudzić, abyś nie przegapił pory modlitwy, wcale nie zależało mi, żebyś zbliżył się do boskiego światła. Wiedziałem, że jeżeli nie zmówisz modlitwy, ogarnie cię wielki smutek i przez następne dni będziesz modlił się ze zdwojoną żarliwością, prosząc, by Bóg wybaczył ci niedopełnienie obowiązków. A w oczach Boga każda modlitwa pełna miłości i skruchy jest warta tyle, co dwieście wyklepanych bezmyślnie pacierzy. Dzięki temu dostępujesz oczyszczenia i natchnienia, Bóg kocha cię jeszcze bardziej, a ja oddalam się od twojej duszy.

Lucyfer zniknął i pojawił się świetlisty anioł.

– Nie zapomnij dzisiejszej lekcji – zwrócił się do Muawii. – Czasem zło przychodzi pod maską dobra, lecz jego prawdziwym celem jest szerzenie zniszczenia.

Tego dnia i przez wiele następnych Muawija modlił się z pokorą, żarliwością i wiarą. Bóg po stokroć wysłuchał jego próśb.

Gotowy do boju, choć pełen wątpliwości

Mam na sobie dziwny zielony strój z mnóstwem zamków błyskawicznych, uszyty z grubego materiału, a na dłoniach rękawice ochronne. Trzymam narzędzie przypominające włócznię, prawie tak duże jak ja, z jednej strony zakończone trójzębem, z drugiej – płaskim ostrzem.

Przede mną to, co za chwilę stanie się celem ataku – ogród.

Posługując się narzędziem, oczyszczam trawnik z chwastów. Robię to bardzo uważnie, wiedząc, że roślina wyrwana z ziemi zwiędnie w przeciągu dwóch dni.

Nagle przychodzi mi do głowy pytanie: czy dobrze robię?

Chwastem nazywam to, co w rzeczywistości jest

walczącym o przetrwanie gatunkiem, który powstał miliony lat temu i ewoluował w przyrodzie. Dzięki niezliczonym owadom zapylony kwiat wydał nasiona, które wiatr rozwiał po okolicy. I tak, roślina zasiana nie w jednym, lecz w wielu miejscach, ma większe szanse przetrwać do następnej wiosny. Gdyby wyrosła tylko w jednym miejscu, mogłyby ją zniszczyć roślinożerne zwierzęta, woda, ogień albo susza.

Teraz cały ten wysiłek, by przetrwać, idzie na marne w zetknięciu z narzędziem, bezlitośnie wyrywającym ją z ziemi.

Dlaczego to robię?

Ktoś stworzył ten ogród. Nie wiem kto, ponieważ kiedy kupowałem dom, ogród już istniał, wtopiony w górski pejzaż, z okalającymi go drzewami. Jednak z pewnością ktoś długo nad nim pracował, sadząc rośliny według planu i z namysłem (jest nawet alejka wysadzana krzewami, prowadząca do szopy, gdzie trzymamy drewno na opał), pielęgnując je przez kolejne zimy i wiosny. Kiedy przekazywano mi stary wiatrak – gdzie spędzam kilka miesięcy w roku – trawnik był w idealnym stanie. Teraz moim zadaniem jest kontynuować pracę, choć pozostaje filozoficzne pytanie: czy powinienem uszanować wkład autora, czyli ogrodnika, czy też zaakceptować instynkt przetrwania, którym natura obdarzyła roślinę nazywaną przez nas chwastem?

Wyrywam niechciane rośliny, rzucam na stos,

który potem podpalę. Może zbyt długo zastanawiam się nad sprawami, które nie mają wiele wspólnego z myśleniem, raczej z działaniem. Z drugiej strony, każdy ludzki czyn jest ważny, pociąga za sobą jakieś konsekwencje, i to właśnie skłania mnie do zastanawiania się nad tym, co robię.

Z jednej strony, takie rośliny mają prawo rozrastać się we wszystkich możliwych kierunkach. Z drugiej zaś, jeżeli teraz ich nie wyrwę, zniszczą trawnik. W Nowym Testamencie Jezus mówi o wyrywaniu chwastów, by nie mieszały się ze zbożem.

Jednak – z biblijnym cytatem czy bez – stanąłem przed problemem, z którym ludzkość boryka się od zarania dziejów: do jakiego stopnia możemy ingerować w przyrodę? Czy takie działanie ma zawsze negatywne skutki, czy też bywają pozytywne?

Odkładam broń, potocznie zwaną motyką. Każde uderzenie oznacza koniec życia, koniec rośliny, która mogłaby wiosną zakwitnąć. Motyka stała się symbolem arogancji człowieka, który śmie zmieniać otaczający go pejzaż. Muszę chwilę pomyśleć, mam bowiem w rękach władzę nad życiem i śmiercią. Trawnik zdaje się przekonywać: „Broń mnie, one mnie zniszczą". Chwasty zaś mówią: „Pokonałyśmy długą drogę, by dotrzeć do twego ogrodu, dlaczego chcesz nas zabić?".

Wreszcie na ratunek przychodzi mi hinduski tekst Bhagawadgita. Przypomina mi się odpowiedź, jakiej Kriszna udzielił wojownikowi Ardżunie, którego przed decydującą bitwą ogarnęły wątpliwości. Rzucił broń na ziemię na znak, że nie będzie brał udziału w bratobójczej walce. Kriszna odpowiada mniej więcej tak: „Zdaje ci się, że możesz kogoś zabić? Twoja ręka jest moją ręką i wszystko, co robisz, zostało wcześniej postanowione. Nikt sam nie zabija i nie umiera z własnej woli".

Pokrzepiony tym zapamiętanym cytatem, chwytam za motykę, rzucam się na chwasty, których nikt nie zapraszał do mojego ogrodu. A morał z tego jest taki: Jeśli w moim sercu wyrasta coś niedobrego, proszę Boga o odwagę, bym to wyrwał bez litości.

O strzelaniu z łuku

O tym, jak ważne jest powtarzanie tych samych czynności. Poprzez działanie objawia się nasza myśl.

Nawet drobny gest może okazać się fałszywy, dlatego musimy we wszystkim dążyć do doskonałości, myśleć o szczegółach, tak opanować technikę, by stała się czymś podświadomym. Intuicja nie ma nic wspólnego z rutyną, lecz ze stanem ducha, który jest poza wszelką techniką.

Jeśli będziemy dużo ćwiczyć, przestaniemy myśleć o gestach, które musimy wykonać. Stają się one częścią naszej egzystencji. Jednak aby to było możliwe, trzeba ćwiczyć i powtarzać.

Jeżeli to nie pomaga, trzeba powtarzać i ćwiczyć.

Spójrzmy na dobrego kowala, który kuje stal. Dla postronnego obserwatora powtarza on te same uderzenia młotem.

Kto rozumie, jak ważna jest biegłość w danym fachu, wie, że każde podniesienie i opuszczenie młota odbywa się z inną siłą. Ręka powtarza ten sam ruch, lecz gdy zbliża się do stali, wyczuwa, czy uderzyć mocno, czy lekko.

Spójrzmy na wiatrak. Przyglądając się jego skrzydłom, myślimy, że poruszają się z jednakową prędkością, jednostajnie.

Kto zna się na wiatrakach, wie, że prędkość obrotu skrzydeł zależy od siły i kierunku wiatru.

Kowal nabrał wprawy, tysiące razy uderzając młotem. Skrzydła wiatraka poruszają się szybciej wskutek nagłego powiewu wiatru, ale również dlatego, że wyrobiły się tryby maszyny.

Łucznik wiele razy strzela tak, że strzały nie dolatują do celu. Wie, że tylko wtedy zapanuje nad łukiem, postawą, cięciwą i celem, gdy tysiące razy powtórzy te same gesty, bez obawy, że nie trafi.

Przychodzi wreszcie taki moment, gdy nie trzeba myśleć, co się robi. Od tej chwili strzelec sam staje się łukiem, strzałą, celem.

Jak obserwować lot strzały? Strzała realizuje nasz zamiar w przestrzeni.

Z chwilą gdy zostaje wystrzelona, strzelec nie może nic zrobić, jedynie patrzeć na jej lot w kierunku tarczy. Siła potrzebna była tylko do wykonania strzału.

Łucznik pilnie obserwuje strzałę, a w sercu odczuwa spokój, uśmiecha się.

Jeśli dużo ćwiczył i wykształcił instynkt, jeżeli udało mu się zachować elegancję i koncentrację podczas wykonywania strzału, zaczyna odczuwać obecność wszechświata i widzi, jak trafne i doskonałe było jego działanie.

Dzięki technice obie ręce są sprawne i gotowe do czynu, oddech staje się miarowy, oczy dokładnie namierzają cel. Instynkt pozwala wybrać najlepszy moment do strzału.

Gdybyśmy z bliska przyjrzeli się strzelcowi, który stoi z wyciągniętym ramieniem, ze spojrzeniem utkwionym w lot strzały, moglibyśmy odnieść wrażenie, że tkwi w bezruchu. Jednak wtajemniczeni wiedzą, że po wykonaniu strzału umysł działa w innym wymiarze, otwiera się na wszechświat, wciąż pracuje, pilnie obserwuje to, co było dobre w wykonanym strzale, i wychwytuje ewentualne błędy, ocenia jakość strzału i patrzy, co stanie się z celem, do którego mierzył.

Gdy strzelec napina cięciwę, w jego łuku skupia się cały wszechświat. Kiedy obserwuje lot strzały, świat kurczy się i otula go, dając mu poczucie doskonale spełnionego obowiązku.

Kiedy wojownik światła wypełni zadanie, przekuwając intencję w czyn, nie musi się niczego obawiać. Spełnił swoją rolę. Nie dał się sparaliżować przez strach. Nawet jeśli strzała nie trafi do celu, strzelec ma kolejną szansę, ponieważ nie stchórzył.

Historia pewnego ołówka

Chłopiec patrzył, jak babcia pisze list. W pewnej chwili zapytał:

– Piszesz o tym, co ci się przydarzyło? A może o mnie?

Babcia przerwała pisanie, uśmiechnęła się i odpowiedziała:

– To prawda, piszę o tobie, ale ważniejsze od tego, co piszę, jest ołówek, którym piszę. Chcę ci go dać, gdy dorośniesz.

Chłopiec z zaciekawieniem spojrzał na ołówek, ale nie zauważył w nim nic szczególnego.

– Przecież on niczym się nie różni od innych ołówków, które widziałem!

– Wszystko zależy od tego, jak na niego spojrzysz. Wiąże się z nim pięć ważnych cech i jeśli je będziesz odpowiednio pielęgnował, zawsze będziesz żył w zgodzie ze światem.

Pierwsza cecha: możesz dokonać wielkich rzeczy, ale nigdy nie zapominaj, że istnieje dłoń, która kieruje twoimi krokami. Ta dłoń to Bóg i to On prowadzi cię zgodnie ze swoją wolą.

Druga cecha: czasem muszę przerwać pisanie i użyć temperówki. Ołówek trochę z tego powodu ucierpi, ale potem będzie miał ostrzejszą końcówkę. Dlatego naucz się znosić cierpienie, bo dzięki niemu wyrośniesz na dobrego człowieka.

Trzecia cecha: używając ołówka, zawsze możemy poprawić błąd za pomocą gumki. Zapamiętaj, że poprawianie nie jest niczym złym, przeciwnie, jest bardzo ważne, bo gwarantuje uczciwe postępowanie.

Czwarta cecha: w ołówku nieważna jest drewniana otoczka, ale grafit w środku. Dlatego zawsze wsłuchuj się w to, co dzieje się w tobie.

Wreszcie **piąta cecha**: ołówek zawsze pozostawia ślad. Pamiętaj, że wszystko, co uczynisz w życiu, zostawi jakiś ślad. Dlatego miej świadomość tego, co robisz.

Wskazówki, jak chodzić po górach

Znajdź górę, na którą chcesz wejść: nie sugeruj się opiniami tych, którzy mówią, że „tamta wygląda piękniej" lub „ta jest o wiele łatwiejsza". Stracisz wiele energii i siły, by osiągnąć swój cel, jesteś jedyną osobą odpowiedzialną za to, co robisz, więc musisz być tego pewien.

Zastanów się, jak do niej dotrzeć: bardzo często góra podziwiana z oddali wydaje się piękna, interesująca, zapowiada wyzwania. Jednak co się dzieje, kiedy próbujemy się do niej zbliżyć? Nie prowadzi tam żadna droga, a ciebie od celu dzieli las. To, co proste na mapie, w rzeczywistości okazuje się trudne. Dlatego wypróbuj wszystkie ścieżki, aż kiedyś staniesz przed szczytem, który chciałeś zdobyć.

Ucz się od ludzi, którzy zdobyli szczyt: niezależnie od tego, jak bardzo jesteś przekonany o swej niepowtarzalności, zawsze znajdzie się ktoś, kto wcześniej miał podobne marzenia. Zostawił ślady, które ułatwią ci drogę: porzucony sznur, wydeptaną ścieżkę, złamane gałęzie. To twoja wspinaczka, twoja odpowiedzialność, ale nie zapominaj, że cudze doświadczenie jest pomocne.

Zagrożenia widziane z bliska można pokonać: kiedy zaczynasz wspinaczkę swych marzeń, rozglądaj się. Są przepaści, niewidoczne szczeliny. Są kamienie tak wygładzone przez deszcz, że stają się śliskie jak lód. Jeżeli jednak wiesz, gdzie postawić stopę, zauważysz pułapki i ich unikniesz.

Podziwiaj zmieniający się krajobraz. Oczywiście, trzeba pamiętać o celu wspinaczki – zdobyć szczyt. Jednak w miarę podchodzenia widzisz coraz więcej. Dlatego czasem warto się zatrzymać, by podziwiać widoki, z każdym pokonanym metrem możesz spojrzeć trochę dalej. Wykorzystaj to, by odkryć rzeczy, których dotąd nie rozumiałeś.

Szanuj swoje ciało: tylko ten zdoła wejść na szczyt, kto poświęca ciału należytą uwagę. Dostajesz od życia tyle czasu, ile trzeba, dlatego idź, nie wymagając od siebie rzeczy niemożliwych. Jeśli pójdziesz za szybko, zmęczysz się i staniesz w pół drogi. Jeżeli zaś pójdziesz za wolno, nadejdzie noc i zgubisz drogę. Podziwiaj widoki, pij źródlaną wodę, korzystaj z owoców, którymi tak hojnie obdarza cię natura, ale idź naprzód.

Szanuj swą duszę: nie powtarzaj sobie ciągle:

„uda mi się". Twoja dusza dobrze o tym wie, potrzebuje tylko czasu, by dorosnąć, opanować horyzont, dosięgnąć nieba. Obsesja nie ułatwia znalezienia celu i odbiera przyjemność wspinaczki. Ale uwaga! Nie powtarzaj sobie również: „to trudniejsze, niż myślałem", dlatego że szybko stracisz wewnętrzną siłę.

Przygotuj się na to, że musisz przejść o kilometr więcej: dojście na szczyt trwa zawsze dłużej, niż myślimy. Nie daj się zwieść, przyjdzie moment, gdy uznasz, że jesteś już blisko, a jeszcze będziesz miał przed sobą szmat drogi. Jeżeli jednak podjąłeś się wspinaczki, nie będzie to żadną przeszkodą.

Ciesz się, gdy wejdziesz na szczyt: płacz, klaszcz, krzycz na wszystkie strony świata, pozwól, by hulający wiatr (na górze zawsze wieje) oczyścił twój umysł, ochłodził spocone i zmęczone stopy, otwórz szeroko oczy, otrzep z kurzu serce. Jakie to wspaniałe, że to, co było ledwie snem, odległą wizją, teraz stanowi część twego życia. Udało się!

Złóż przyrzeczenie: wykorzystaj to, że odkryłeś w sobie siłę, której dotąd nie znałeś, i powiedz sobie, że od tej chwili będziesz z niej korzystał do końca swoich dni. A najlepiej obiecaj sobie, że odkryjesz inną górę, i zacznij nową przygodę.

Opowiedz swoją historię: tak, opowiedz swoją historię. Daj przykład. Powiedz o tym jak największej liczbie osób, dzięki czemu one także odnajdą w sobie odwagę i staną przed własną górą.

Czy dyplom jest ważny

Mój stary wiatrak, znajdujący się w małej pirenejskiej wiosce, oddzielony jest od sąsiedniego domu rzędem drzew. Któregoś dnia zjawił się mój sąsiad. Wyglądał na mniej więcej siedemdziesiąt lat. Przed chwilą widziałem go pracującego na polu z żoną i myślałem, że na dzisiaj skończyli.

Sąsiad, skądinąd miły człowiek, oznajmił, że suche liście spadają na dach jego domu i że powinienem ściąć moje drzewa.

Byłem zaskoczony. Jak to możliwe, by osoba, która całe życie spędziła na łonie natury, domagała się, żebym zniszczył coś, co rosło tak długo, i to tylko dlatego, że za dziesięć lat może zagrozić jego dachówkom?

Zaprosiłem go na kawę. Obiecałem, że jeśli suche liście (które znikną z pierwszym podmuchem wiatru i końcem lata) poczynią szkody na dachu, naprawię je na własny koszt. Jednak sąsiad odparł, że nie jest tym zainteresowany i muszę ściąć drzewa. Trochę się zdenerwowałem. Powiedziałem więc, że kupię jego posiadłość wraz z domem.

– Moja ziemia nie jest na sprzedaż – odparł.

– Przecież za te pieniądze może pan kupić sobie piękny dom w mieście i mieszkać tam z żoną do końca życia, nie zamartwiając się mrozami i nieudanymi zbiorami.

– Dom nie jest na sprzedaż. Tu się urodziłem, tu się wychowałem i tu umrę. Jestem za stary na przeprowadzki.

Zaproponował, że sprowadzi z miasta rzeczoznawcę, który zbada sprawę i zadecyduje, co robić. W ten sposób unikniemy kłótni. Jesteśmy przecież sąsiadami.

Kiedy wyszedł, w pierwszej chwili stwierdziłem, że nie ma zrozumienia dla matki natury. Potem jednak zacząłem się zastanawiać, dlaczego nie chce sprzedać ziemi. Pod koniec dnia wreszcie zrozumiałem, że mój sąsiad chce przeżyć swe życie najlepiej, jak umie, to jego własna historia. Przeprowadzka do miasta oznaczałaby znalezienie się w nieznanej rzeczywistości, wśród innych wartości. Może czuje się za stary, by od nowa się uczyć.

Czy dotyczy to tylko mojego sąsiada? Nie. Myślę, że dotyczy to każdego z nas. Zdarza się, że z przywiązania do sposobu życia odrzucamy wielką szansę, ponieważ nie wiemy, jak ją spożytkować.

W przypadku sąsiada dom i wioska to jedyne znane mu miejsca i nie chce ryzykować. Z kolei ludzie mieszkający w mieście wierzą, że trzeba mieć dyplom wyższej uczelni, trzeba się ożenić, mieć dzieci i postarać się, aby one też zdobyły dyplom, i tak dalej. Nikt nie zadaje sobie pytania: Czy mógłbym zrobić coś innego?

Pamiętam mojego fryzjera, który harował dzień i noc, żeby jego córka mogła skończyć socjologię. Udało jej się zdobyć dyplom, długo pukała do różnych drzwi, aż wreszcie dostała pracę sekretarki w firmie sprzedającej cement. Mimo to fryzjer z dumą powtarzał: „Moja córka ma dyplom".

Większość moich przyjaciół i większość dzieci moich przyjaciół też ma dyplomy. Nie znaczy to, że znaleźli wymarzoną pracę, wręcz przeciwnie – rozpoczynali i kończyli studia dlatego, że w tamtych czasach wyższe uczelnie cieszyły się poważaniem i ktoś im powiedział, iż trzeba mieć dyplom. I tak zaczęło brakować wspaniałych ogrodników, piekarzy, antykwariuszy, rzeźbiarzy, pisarzy. Może przyszła pora, żeby to zweryfikować: wyższe studia na pewno powinni ukończyć lekarze, inżynierowie, naukowcy i adwokaci.

Ale czy inni także? Niech za odpowiedź posłuży cytat z wiersza Roberta Frosta:

Przede mną były dwie drogi –
Wybrałem drogę mniej uczęszczaną
I to była wielka zmiana.

PS. Kończąc opowieść o sąsiedzie: przyszedł rzeczoznawca i ku mojemu zaskoczeniu pokazał mi paragraf we francuskim kodeksie, zgodnie z którym drzewo powinno rosnąć co najmniej trzy metry od sąsiedniej działki. Moje drzewa rosną dwa metry od płotu i będę musiał je ściąć.

W tokijskim barze

Japoński dziennikarz pyta mnie o to, co wszyscy:

– Jacy są pańscy ulubieni pisarze?

A ja jak zwykle odpowiadam:

– Jorge Amado, Jorge Luis Borges, William Blake i Henry Miller.

Tłumaczka patrzy na mnie zaskoczona.

– Henry Miller?

Po chwili zdaje sobie sprawę, że jej rola nie polega na zadawaniu pytań, i wraca do swojej pracy. Po skończonym wywiadzie chcę wiedzieć, dlaczego była zdziwiona moją odpowiedzią. Dodaję, że być może Henry Miller nie był pisarzem „politycznie poprawnym", ale otworzył przede mną cały świat – w jego książkach jest siła witalna, rzadko spotykana w literaturze współczesnej.

– Nie krytykuję Henry'ego Millera, też jestem

jego miłośniczką – odpowiada tłumaczka. – Wie pan, że miał żonę Japonkę?

Tak, oczywiście. Nie wstydzę się tego, że gdy kogoś uwielbiam, chcę wiedzieć wszystko na jego temat. Poszedłem kiedyś na targi książki tylko po to, żeby poznać Jorge Amado. Jechałem 48 godzin autobusem, aby spotkać się z Borgesem (do spotkania nie doszło z mojej winy). W Nowym Jorku zapukałem do drzwi Johna Lennona (portier kazał mi zostawić liścik, w którym miałem opisać cel wizyty, i powiedział, że Lennon może do mnie zadzwoni, czego oczywiście nie zrobił). Zamierzałem pojechać do Big Sur odwiedzić Henry'ego Millera, ale zmarł, zanim udało mi się uzbierać pieniądze na podróż.

– Ta Japonka nazywała się Hoki – mówię z dumą. – Wiem też, że w Tokio znajduje się muzeum z akwarelami Millera.

– Chciałby się pan z nią spotkać dziś wieczór?

Co za pytanie! Oczywiście, że chcę spotkać kogoś, kto żył u boku jednego z moich idoli. Wyobrażam sobie, że przyjmuje gości z całego świata, którzy proszą ją o wywiady. W końcu byli ze sobą dziesięć lat. Czy to nie będzie jednak zbyt krępujące prosić ją, by poświęciła swój cenny czas zwykłemu fanowi? Ale jeśli tłumaczka mówi, że to możliwe, lepiej jej wierzyć – Japończycy zawsze dotrzymują słowa.

Z niecierpliwością czekam do wieczora, wsiadamy do taksówki i od tej chwili wszystko przypomina dziwny sen. Zatrzymujemy się na ulicy, gdzie chyba nigdy nie dochodzi słońce, ponieważ górą biegnie wiadukt. Tłumaczka pokazuje mi obskurny bar na drugim piętrze rozpadającego się domu.

Wchodzimy po schodach do zupełnie pustego lokalu, gdzie siedzi Hoki Miller we własnej osobie.

Próbuję ukryć onieśmielenie i z przesadnym entuzjazmem mówię o jej byłym mężu. Hoki prowadzi mnie do pokoju na zapleczu, gdzie stworzyła małe muzeum: kilka fotografii, dwie lub trzy podpisane akwarele, księga gości – to wszystko. Mówi, że poznała go, gdy kończyła studia w Los Angeles. Zarabiała na życie, grając na fortepianie w restauracjach i śpiewając francuskie przeboje (po japońsku). Miller przyszedł kiedyś na kolację, był zachwycony jej występem (spędził w Paryżu parę lat życia), kilka razy się spotkali, po czym poprosił ją o rękę.

Widzę, że w barze, gdzie siedzimy, znajduje się fortepian, tak jakbyśmy cofnęli się w czasie. Opowiada niesamowite rzeczy o ich wspólnym życiu, o problemach wynikających z dużej różnicy wieku (Miller miał ponad 50 lat, Hoki niespełna 20), o tym, jak razem spędzali czas. Dzieci z poprzedniego małżeństwa odziedziczyły cały majątek, łącznie z prawem do tantiem, ale nie przywiązuje do tego wagi, ponieważ to, co przeżyła, trudno przeliczyć na pieniądze.

Proszę, żeby zagrała melodię, którą przed laty zwróciła uwagę Millera. Gra i śpiewa ze łzami w oczach utwór pod tytułem *Feuilles mortes* (*Zwiędłe liście*).

Ja i tłumaczka jesteśmy poruszeni. Ten bar, fortepian, głos Japonki odbijający się od pustych ścian, pewny i donośny mimo sławy poprzednich żon, do których płynie rzeka pieniędzy z wydawanych na całym świecie książek Millera.

– Nie walczyłam o spadek, wystarczyła mi jego miłość – mówi na pożegnanie, wyczuwając nasze wzruszenie. Rzeczywiście, nie ma w niej cienia goryczy czy żalu, dlatego wierzę, że wystarczyła jej miłość.

Spojrzeć prosto w oczy

Początkowo Theo Wierema zrobił na mnie wrażenie namolnego faceta. Przez pięć lat przysyłał do mojego biura w Barcelonie zaproszenia na odczyt do Hagi.

Przez pięć lat niezmiennie mu odpowiadano, że mam zapełniony kalendarz spotkań. W rzeczywistości mój kalendarz nie był tak zapełniony, po prostu nie każdy pisarz przepada za publicznymi wystąpieniami. Poza tym wszystko, co mam do powiedzenia, zawarte jest w moich książkach i felietonach. Dlatego unikam wykładów.

Theo dowiedział się, że będę nagrywał program dla holenderskiej telewizji. Kiedy wychodziłem na nagranie, czekał na mnie przy recepcji w hotelu. Przedstawił się, po czym zaproponował, że mnie odwiezie na miejsce.

– Nie należę do ludzi, którzy nie rozumieją słowa „nie" – dodał. – Ale coś mi się zdaje, że próbuję dojść do celu złą drogą.

Zgoda, trzeba umieć walczyć o swoje marzenia, ale trzeba też wiedzieć, które drogi są nie do przebycia, i zachować siły na przejście innymi ścieżkami. Mógłbym zwyczajnie powiedzieć „nie" (sam słyszałem to wiele razy), ale postanowiłem uciec się do dyplomacji, stawiając warunki niemożliwe do spełnienia.

Powiedziałem, że nie wezmę za odczyt pieniędzy, ale wstęp ma kosztować nie więcej niż 2 euro, a na sali nie może być więcej niż 200 osób.

Theo zgodził się.

– Wyda pan więcej, niż zarobi – uprzedziłem go. – Zdaje mi się, że sam bilet lotniczy i pobyt w hotelu kosztują trzy razy więcej niż to, co pan zarobi przy pełnej sali. Poza tym są jeszcze koszty związane z reklamą, wynajęcie sali...

Theo przerwał mi, mówiąc, że nie ma to najmniejszego znaczenia. Robi to z powodów czysto zawodowych.

– Organizuję takie spotkania, ponieważ muszę wierzyć, że ludzkość chce lepszego świata.

– Czym się pan zajmuje?

– Sprzedaję kościoły.

Widząc moje zaskoczenie, wyjaśnił:

– Watykan powierzył mi zadanie wyszukiwania kupców, ponieważ w Holandii jest więcej kościołów niż wiernych. Mieliśmy już złe doświadczenia, święte miejsca po sprzedaniu zamieniały się w dyskoteki, domy mieszkalne, butiki, a nawet sex-shopy. Zmieniliśmy więc system sprzedaży. Projekt musi zaakceptować lokalna społeczność, a przyszły właściciel powinien powiedzieć, co zamierza zrobić z nieruchomością. Zwykle akceptujemy tylko takie plany, jak domy kultury, organizacje charytatywne czy muzea. Spyta pan, co to ma wspólnego z pańskim wykładem i innymi odczytami, które organizuję? Ludzie przestali się spotykać, ale jeśli raz się spotkają, nigdy tego nie zapomną.

Patrząc na mnie uważnie, zakończył:

– Spotkanie. W pańskim przypadku popełniłem błąd, że się z panem nie spotkałem. Zamiast wysyłać e-maile powinienem od razu panu udowodnić, że jestem człowiekiem z krwi i kości. Kiedyś nie dostałem odpowiedzi od pewnego polityka, więc zapukałem do jego drzwi. Powiedział mi, że jeśli czegoś chcę, zawsze powinienem najpierw spojrzeć komuś prosto w oczy. Od tamtej pory tak właśnie robię i mam dobre wyniki. Może istnieć sto sposobów komunikowania się we współczesnym świecie, ale nic nie zastąpi ludzkiego spojrzenia.

Nie muszę dodawać, że przyjąłem zaproszenie.

PS. Kiedy pojechałem na wykład do Hagi, poprosiłem, żeby pokazano mi kilka kościołów na sprzedaż. Moja żona jest artystą plastykiem i zawsze marzyła o stworzeniu centrum kultury. Spytałem o cenę jednego z budynków, który dawniej mógł pomieścić 500 wiernych. Kosztował 1 euro (JEDNO EURO!), ale koszty utrzymania są pewnie tak duże, że mogą zniechęcić.

Dżyngis-chan i sokół

Podczas ostatniej wizyty w Kazachstanie mogłem przyjrzeć się polowaniu z sokołem. Nie będę wdawał się w rozważania, czy słowo „polowanie" jest właściwe, ograniczę się jedynie do stwierdzenia, że w tym przypadku natura zatoczyła koło.

Podróżowałem bez tłumacza i choć z pozoru mogło się to wydawać kłopotliwe, okazało się błogosławieństwem. Nie mogłem z nikim porozmawiać, skoncentrowałem się więc na obserwowaniu otoczenia. Nasz orszak zatrzymał się, człowiek z sokołem na ramieniu odszedł na bok i zdjął z głowy ptaka coś w rodzaju małej srebrnej przyłbicy. Nie wiem, dlaczego postanowił akurat tam się zatrzymać, i nie umiałem o to zapytać.

Ptak wzbił się w powietrze, zatoczył w górze kilka kół i nagle spadł na ziemię jak kamień. Znaleźliśmy go w wąwozie z lisem w szponach. Tego ranka podobna scena powtórzyła się jeszcze raz.

Po powrocie do wioski spotkałem się z oczekującymi mnie ludźmi. Spytałem, jak można oswoić sokoła tak, by robił to, co widziałem – spokojnie siedział na ramieniu właściciela (na moim zresztą też – nałożono mi skórzane ochraniacze i mogłem przyjrzeć się z bliska jego ostrym szponom).

Próżno było pytać. Nikt nie umiał mi wytłumaczyć, podobno sztuka ta przechodzi z pokolenia na pokolenie, ojciec uczy syna, i tak dalej. Jednak na zawsze pozostanie mi w pamięci widok ośnieżonych gór w oddali, sylwetka jeźdźca oraz sokół wznoszący się do lotu i nagle pikujący.

Zapamiętam również legendę, którą opowiedział mi ktoś podczas obiadu.

Pewnego poranka mongolski wódz Dżyngis-chan wyruszył ze swą świtą na łowy. Rycerze wieźli strzały i łuki, a Dżyngis-chan trzymał na ramieniu swego ulubionego sokoła, który był lepszy i zwinniejszy od najszybszej strzały, ponieważ potrafił wzbić się ku niebu i zobaczyć to, czego nigdy nie ujrzy człowiek.

Jednak mimo starań niczego nie upolowano. Zniechęcony Dżyngis-chan zawrócił w stronę obozowiska. Nie chcąc wyładować złości na swych towarzyszach, odłączył się od grupy i jechał samotnie.

Myśliwi spędzili w lesie więcej czasu, niż zamierzali, dlatego chan umierał ze zmęczenia i pragnienia. Upalne lato sprawiło, że powysychały strumyki i nigdzie nie można było znaleźć wody, aż tu nagle cud! Zobaczył przed sobą spływającą po kamieniach strużkę wody.

Szybko zdjął z ramienia sokoła, wyjął srebrny kielich, który zawsze nosił przy sobie, długo czekał, aż się napełni, lecz gdy zbliżył go do ust, podleciał sokół, chwycił naczynie i odrzucił je na bok.

Dżyngis-chan wpadł we wściekłość. Jednak było to jego ulubione zwierzę, pewnie też było spragnione. Podniósł więc kielich, wytarł z piachu i znów zaczął napełniać wodą. Gdy naczynie zapełniło się do połowy, sokół ponownie zaatakował pana i wylał wodę.

Dżyngis-chan kochał swego sokoła, ale wiedział, że w żadnym razie nie może pozwolić na taki despekt. Ktoś mógł go z daleka obserwować, a potem opowiedzieć wojownikom, że wielki zdobywca nie umie okiełznać zwykłego ptaka.

Tym razem wyjął z pochwy szablę, podniósł kielich i znów zaczął go napełniać, patrząc na źródło i jednocześnie pilnie obserwując sokoła. Kiedy nabrał wystarczająco dużo wody, by się napić, sokół znów podleciał. Chan jednym pchnięciem szabli przeszył jego pierś.

Jednak strużka wody wyschła. Chanowi tak bardzo chciało się pić, że wdrapał się na skałę w poszukiwaniu źródła. Ku swemu zaskoczeniu rzeczywiście znalazł małe oczko wodne, ale na jego dnie leżał zdechły wąż, jeden z najbardziej jadowitych, jakie żyły na tych terenach. Gdyby napił się wody ze źródła, niechybnie przeniósłby się na tamten świat.

Chan wrócił do obozu z martwym sokołem w dłoniach. Kazał odlać w złocie podobiznę ptaka i na jednym jego skrzydle wyryć taki oto napis: „Nawet gdy przyjaciel działa wbrew tobie, wciąż jest twoim przyjacielem". Na drugim skrzydle kazał napisać: „Każdy czyn dokonany w gniewie jest skazany na klęskę".

Patrząc na cudzy ogród

„Daj głupiemu tysiąc rozumów, a on będzie pragnął tylko twojego" – mówi arabskie przysłowie. Każdy człowiek tworzy ogród swego życia, ale z boku każdy jego ruch śledzi sąsiad. Sam nie umie niczego zrobić, ale lubi wtrącić swoje trzy grosze i radzi, jak powinniśmy siać nasze czyny, sadzić myśli, podlewać sukcesy.

Jeśli przejmiemy się jego radami, skończymy, pracując dla niego, a nasz ogród stanie się odzwierciedleniem jego wyobrażeń. Zapomnimy o ziemi uprawianej w pocie czoła, użyźnianej tyloma darami. Zapomnimy, że każdy jej centymetr kryje w sobie tajemnicę, którą może odsłonić jedynie troskliwa ręka ogrodnika. Jeśli będziemy myśleć tylko o głowie szpiegującej nas zza płotu, przestaniemy zauważać słońce, deszcz i pory roku.

Głupiec, który lubi udzielać rad, jak pielęgnować ogród, nigdy nie zadba o własne rośliny.

Puszka Pandory

Tego ranka otrzymałem jednocześnie sygnały z kilku miejsc na świecie. Przyszedł e-mail od dziennikarza Laura Jardima, w którym prosił mnie o potwierdzenie kilku informacji do notatki na mój temat. Przy okazji wspomniał o sytuacji w Rocinha* w Rio de Janeiro. Potem odebrałem telefon od żony, która właśnie wylądowała na lotnisku we Francji. Podróżowała z francuskimi przyjaciółmi po naszym kraju. Wrócili przerażeni i rozczarowani. Wreszcie dziennikarz robiący ze mną wywiad dla rosyjskiej telewizji spytał, czy to prawda, że w latach 1980–2000 w Brazylii zamordowano ponad pół miliona osób.

Oczywiście, że nie – odpowiadam.

Ale niestety to prawda, dziennikarz pokazuje mi

* Rocinha – dzielnica faveli w Rio de Janeiro (przyp. tłum.).

dane z jakiegoś „instytutu brazylijskiego"(chodziło pewnie o Brazylijski Instytut Geografii i Statystyki).

Nie wiem, co powiedzieć. Przemoc w naszym kraju zyskuje sławę za morzami i górami, dociera nawet do tego państwa w Azji Środkowej. Co mam odpowiedzieć?

Słowa nie wystarczą, bo jeśli nie są przekuwane w czyn, „przynoszą tylko szkodę", jak mówi William Blake. Sam próbowałem coś w tej sprawie zrobić. Wraz z dwiema pełnymi poświęcenia osobami, Izabelą i Jolandą Maltarolli, stworzyłem instytucję, w której staramy się edukować, uczyć współczucia i miłości 360 dzieci z faveli Pavão-Pavãozinho. Zdaję sobie sprawę, że obecnie tysiące Brazylijczyków robi o wiele więcej, pracując bez rozgłosu, bez oficjalnej pomocy, prywatnych sponsorów, żeby tylko nie poddać się najgorszemu wrogowi – zwątpieniu.

Kiedyś myślałem, że jeśli każdy z nas zrobi coś dobrego, wszystko się zmieni. Jednak dziś wieczorem, gdy spoglądam na zaśnieżone góry na chińskiej granicy, ogarniają mnie wątpliwości. Nawet jeżeli każdy dołoży swoją cegiełkę, nadal będzie tak jak w powiedzeniu, którego nauczyłem się w dzieciństwie: „Na zło nie ma mocnych".

Spojrzałem znów na góry w świetle księżyca. Czy rzeczywiście na zło nie ma mocnych? Podobnie jak inni Brazylijczycy starałem się, walczyłem, chciałem wierzyć, że zła sytuacja mojego kraju z dnia na dzień zmieni się na lepsze, ale z każdym rokiem sprawy bardziej się komplikują, niezależnie od rządów, partii, planów gospodarczych lub ich braku.

Widziałem przemoc w wielu miejscach na świecie. Pamiętam, jak kiedyś w Libanie, tuż po wyniszczającej wojnie, spacerowałem ulicami zrujnowanego Bejrutu ze znajomą, Söulą Saad. Opowiadała mi o tym, że jej miasto zostało zniszczone siedem razy. Pół żartem, pół serio spytałem, dlaczego nie dadzą sobie spokoju z jego odbudową i nie przeniosą się w inne miejsce. „Bo to nasze miasto – odpowiedziała. – Człowiek, który nie szanuje ziemi, gdzie pochowani są jego przodkowie, będzie przeklęty".

Człowiek, który nie szanuje swojej ziemi, nie szanuje siebie. W jednym z mitów greckich o stworzeniu świata bóg* wpadł we wściekłość, ponieważ Prometeusz skradł ogień i dał go ludziom. Dlatego bóg zesłał na ziemię Pandorę, która wyszła za Epimeteusza, brata Prometeusza. Pandora miała ze sobą puszkę, której nie wolno jej było otworzyć. Jednak, podobnie jak chrześcijańska Ewa, uległa pokusie i podniosła wieko, żeby zobaczyć, co jest w środku. W tej samej chwili całe zło świata wydostało się na zewnątrz i zalało ziemię.

W puszce została tylko jedna rzecz: Nadzieja.

Dlatego, choć wszystko wokół zdaje się temu

* Chodzi o Zeusa (przyp. tłum.).

przeczyć, chociaż jestem smutny i czuję się bezsilny, choć obecnie żywię przekonanie, że nic się nie poprawi, nie mogę przecież wyzbyć się tego jednego, co trzyma mnie przy życiu – nadziei. To słowo wyśmiewane przez pseudointelektualistów, którzy uważają je za równoznaczne z „oszukiwaniem siebie", słowo, którym manipulują rządy, gdy przyrzekają poprawę, wiedząc, że nie dotrzymają obietnicy i oszukują swoich wyborców. To słowo, które wstaje z nami co rano, w ciągu dnia zostaje zranione i umiera w nocy, by o świcie znów się odrodzić.

Owszem, jest takie powiedzenie: „Na zło nie ma mocnych".

Ale jest też inne przysłowie: „Dopóki trwa życie, dopóty jest nadzieja". Wolę o nim pamiętać, kiedy patrzę na ośnieżone góry na chińskiej granicy.

Jak zmieścić wszystko w jednym kawałku

Spotkanie w nowojorskim domu malarza z São Paulo. Rozmawiamy o aniołach i alchemii. W pewnej chwili próbuję wytłumaczyć zebranym koncepcję z dziedziny alchemii, zgodnie z którą w każdym z nas zawiera się cały wszechświat i jesteśmy za niego odpowiedzialni.

Dobieram słowa, ale nie potrafię znaleźć odpowiedniego przykładu. Malarz słucha w milczeniu, wreszcie przychodzi mi z pomocą i prosi, byśmy spojrzeli przez okno jego pracowni.

– Co widzicie?

– Ulicę Village – ktoś odpowiada.

Malarz przykłada do szyby papier w taki sposób, by nie było widać ulicy. Potem wycina w papierze mały kwadracik.

– A jeśli spojrzycie przez ten otwór, co zobaczycie?

– Tę samą ulicę – odpowiada inny gość.

Malarz wycina w papierze kilka kwadracików i wyjaśnia:

– Tak jak w każdym z tych kwadratów zawiera się obraz jednej ulicy, tak w każdym z nas jest ten sam wszechświat.

Wszyscy klaszczą w uznaniu dla malarza, że potrafił znaleźć taki piękny przykład.

Muzyka w kapliczce

W dzień moich urodzin otrzymałem prezent, którym chciałbym się podzielić z moimi czytelnikami.

W środku lasu, w pobliżu miasteczka Azereix na południu Francji, znajduje się niewielkie zalesione wzgórze. Temperatura dochodzi do 40°C. Tego lata z powodu upałów w szpitalach zmarło blisko pięć tysięcy osób. Patrzymy na pola kukurydzy całkowicie zniszczone przez suszę, nie chce nam się iść dalej.

Mimo to mówię do żony:

– Wiesz, pewnego razu, gdy odwiozłem cię na lotnisko, poszedłem na spacer do tego lasu. Jest tam piękna droga, nie miałabyś ochoty się przejść?

Christina patrzy na białą plamę prześwitującą między drzewami i pyta, co to jest.

– Kapliczka.

Mówię, że prowadzi do niej ścieżka, ale kiedy przechodziłem tam ostatnio, kapliczka była zamknięta. Przyzwyczailiśmy się do górskiego pejzażu i pól, więc wiemy, że Bóg jest wszędzie i nie trzeba wchodzić do budowli będącej dziełem ludzkich rąk, by się z Nim spotkać. Podczas długich spacerów modlimy się w ciszy, wsłuchani w odgłosy przyrody. Staramy się pamiętać, że świat niewidzialny objawia się w rzeczywistości widzialnej. Po półgodzinnej wspinaczce zza drzew wyłania się kapliczka. Jak zwykle do głowy przychodzą pytania: kto ją zbudował, dlaczego właśnie tutaj, jaki święty jej patronuje?

W miarę jak się do niej zbliżamy, coraz wyraźniej słyszymy muzykę i czyjś radosny śpiew wypełniający otaczającą przestrzeń. „Przedtem nie było tu megafonu" – pomyślałem, dziwiąc się jednocześnie, że ktoś słucha muzyki na tym odludziu.

W odróżnieniu od mojej poprzedniej wizyty teraz drzwi są otwarte. Wchodzimy i nagle mamy wrażenie, że znaleźliśmy się w innym świecie. Wnętrze jest skąpane w porannym świetle, nad ołtarzem wisi obraz ukazujący scenę Zwiastowania, trzy rzędy ławek, a w rogu w religijnym uniesieniu siedzi dwudziestoletnia kobieta. Gra na gitarze i śpiewa, wpatrzona w wiszący przed nią obraz.

Zapalam trzy świece – robię to zawsze, gdy po raz pierwszy odwiedzam gdzieś dom boży (za mnie, za przyjaciół i czytelników oraz za moją pracę). Odwracam się, dziewczyna zauważyła nas, uśmiecha się, lecz nie przestaje grać.

Mamy wrażenie, jakbyśmy znaleźli się w raju. Dziewczyna zdaje się rozumieć, co dzieje się w moim sercu, cudnie łączy muzykę z ciszą, co jakiś czas przeplatając ją modlitwą.

Czuję, że doświadczam niezapomnianej chwili. Na ogół ta świadomość dociera do mnie dopiero, gdy mija magiczny moment. Zanurzam się w niej bez reszty, nie ma przeszłości, nie ma przyszłości, jest tylko ten poranek, ta muzyka, błogość, niespodziewana modlitwa. Czuję, jak ogarnia mnie radość, ekstaza, wdzięczność za to, że żyję. Po długiej chwili wzruszeń i łez, chwili, która zdaje się wiecznością, dziewczyna przerywa grę. Podnosimy się z żoną z kolan, dziękujemy, mówię, że chciałbym jej wysłać prezent w podzięce za to, że wypełniła moją duszę spokojem. Odpowiada, że przychodzi tu co rano, że to jej sposób na modlitwę. Ja znów wracam do prezentu, nalegam, ona waha się, wreszcie daje mi adres zakonu. Natępnego dnia wysłałem jej swoją książkę, a po pewnym czasie otrzymałem list. Pisze w nim, że tamtego dnia wyszła z kościoła przepełniona szczęściem, ponieważ spotkała małżeństwo, z którym wspólnie uczestniczyła w adoracji i cudzie życia.

W prostocie tej kapliczki, w głosie dziewczyny, w rozlewającym się świetle poranka po raz kolejny zrozumiałem, że wielkość Boga objawia się w rzeczach prostych. Jeśli ktoś spośród moich czytelników będzie kiedyś przejazdem w Azereix i zobaczy małą kaplicę w głębi lasu, niech koniecznie tam zajdzie. Jeżeli pójdzie rano, spotka młodą dziewczynę głoszącą śpiewem chwałę stworzenia.

Nazywa się Claudia Cavegir, jej adres: Communauté Notre-Dame de L'Aurore, 63850 Ossun, Francja. Na pewno ucieszy się, gdy otrzyma kartkę od kogoś z was, moich czytelników.

Diabelskie jezioro

Stoję i podziwiam piękny naturalny zbiornik w pobliżu miejscowości Babinda w Australii. Podchodzi do mnie młody aborygen.

– Niech pan uważa, żeby się nie poślizgnąć – mówi.

Małe jeziorko otaczają skały, lecz wyglądają bezpiecznie i można po nich chodzić.

– To miejsce nazywają Diabelskim Jeziorem – ciągnie chłopiec. – Dawno, dawno temu piękna aborygenka Oolona wyszła za mąż za wojownika z Babindy, potem zdradziła go z innym mężczyzną. Mąż gonił ich po tych skałach. Kochanek zdołał uciec, ale Oolona zginęła w jeziorze.

Od tej pory Oolona zwodzi każdego nieszczęśliwie zakochanego mężczyznę, który się tu zjawi, po czym topi go w śmiertelnym uścisku.

Później pytam o Diabelskie Jezioro właściciela małego hotelu.

– Może to przesąd – odpowiada. – Ale to prawda, że w ciągu dziesięciu lat zginęło tu jedenastu turystów, sami mężczyźni.

Martwy człowiek w piżamie

Czytam w wiadomościach portalu internetowego, że 10 czerwca 2004 roku w Tokio znaleziono martwego człowieka w piżamie.

Do tego miejsca wszystko brzmi normalnie, w końcu większość ludzi umiera w piżamie, ponieważ:

a) umierają we śnie, co samo w sobie jest błogosławieństwem;

b) znajdują się wśród bliskich lub dokonują żywota w szpitalnym łóżku – w tym przypadku śmierć nie zjawia się nagle i wszyscy mają czas przyzwyczaić się do „odrzuconej przez ludzi", jak pisał o śmierci poeta brazylijski Manoel Bandeira.

Jednak to nie koniec notatki. W chwili śmierci człowiek znajdował się w swoim pokoju. Dlatego, wykluczywszy zgon w szpitalu, możemy przypuszczać, że zmarł we śnie, nie cierpiąc, nieświadomy tego, że nie doczeka następnego poranka.

Jest jeszcze jedna możliwość: napaść ze skutkiem śmiertelnym.

Kto zna Tokio, ten wie, że choć to miasto ogromne, jednocześnie uważane jest za jedno z najbezpieczniejszych miejsc na świecie. Pamiętam, jak kiedyś zatrzymałem się, by przed wyjazdem z miasta zjeść kolację z moimi wydawcami. Wszystkie nasze bagaże były na widoku, na tylnym siedzeniu samochodu. Powiedziałem, że to niebezpieczne, bo jeśli ktoś będzie przechodził obok, od razu je zauważy i zniknie z naszymi ubraniami, dokumentami i całą resztą. Mój wydawca uśmiechnął się i powiedział, żebym się nie martwił, ponieważ o ile pamięta, taki przypadek jeszcze się tu nie zdarzył. (Oczywiście, nic się nie stało, choć przez całą kolację siedziałem jak na szpilkach).

Ale wróćmy do naszego martwego człowieka w piżamie. Na ciele nie było śladów walki ani przemocy. W wywiadzie dla gazety przestawiciel policji potwierdził przypuszczenia, że człowiek ten najprawdopodobniej zmarł na atak serca. Odrzucamy więc hipotezę morderstwa.

Na zwłoki mężczyzny natknęli się pracownicy firmy budowlanej. Znaleźli je na drugim piętrze budynku mieszkalnego na terenie osiedla przeznaczonego do rozbiórki. Wszystko wskazuje na to, że nasz denat w piżamie nie mógł sobie pozwolić na wynajęcie mieszkania w jednym z najgęściej zaludnionych i najdroższych miast na świecie, więc wprowadził się tam, gdzie nie musiał płacić czynszu.

Teraz pora na tragiczny fragment opowieści: obok szkieletu w piżamie leżała gazeta z 20 lutego 1984 roku, a na stoliku kalendarzyk otwarty na tej samej zaznaczonej dacie.

Tak więc człowiek ten leżał tam dwadzieścia lat.

I nikt nie przejął się jego zniknięciem.

Zmarły był pracownikiem firmy, która zbudowała osiedle. Zamieszkał tam zaraz po rozwodzie, na początku lat osiemdziesiątych. W dniu, w którym nagle przeniósł się na tamten świat, miał niewiele ponad pięćdziesiąt lat.

Była żona nigdy nie próbowała go odszukać. Ktoś poszedł nawet do biura, w którym dawniej pracował. Okazało się, że tuż po zakończeniu budowy firma ogłosiła bankructwo, ponieważ nie sprzedała ani jednego mieszkania. Nikogo więc nie zdziwiło, że mężczyzna nie pojawił się w pracy. Odnaleziono też jego przyjaciół. Byli przekonani, że zniknął, gdyż pożyczył od nich pieniądze, których nie był w stanie zwrócić.

Notatkę kończy informacja, że szczątki zmarłego przekazano byłej żonie. Zastanowiło mnie to ostatnie zdanie. Kobieta przez dwadzieścia lat nie próbowała skontaktować się ze swoim mężem. Co wtedy myślała? Że już jej nie kocha, że postanowił na zawsze wyrzucić ją ze swego życia? Że znalazł sobie kogoś innego i zniknął bez śladu? Że tak to zwykle bywa, że po rozwodzie nie ma sensu podtrzymywać związku, który został prawnie zakończony? Wyobrażam sobie, co czuła, gdy dowiedziała się o losie człowieka, z którym spędziła szmat życia.

Zaraz potem pomyślałem o zmarłym człowieku w piżamie, o jego całkowitej, bezbrzeżnej samotności, która sprawiła, że w ciągu dwudziestu lat nikt, dosłownie nikt nie zauważył jego zniknięcia. I doszedłem do wniosku, że o wiele gorsza od głodu, pragnienia, braku pracy, nieszczęśliwej miłości, poczucia klęski – gorsza od tego wszystkiego – jest świadomość, że nikogo, absolutnie nikogo nie obchodzi nasz los.

Dlatego teraz pomódlmy się w milczeniu za tego człowieka i podziękujmy, że skłonił nas, byśmy zastanowili się nad tym, jak ważni są w życiu przyjaciele.

Samotny płomień

Juan zawsze chodził na niedzielną mszę swojej wspólnoty. Po pewnym czasie uznał, że ksiądz zaczyna się w kazaniach powtarzać, i przestał pojawiać się w kościele.

Dwa miesiące później w mroźną zimową noc odwiedził go w domu ksiądz.

„Pewnie przyszedł, żeby namówić mnie do powrotu" – pomyślał Juan. Nie mógł mu powiedzieć prawdy, że kazania zaczęły się powtarzać. Musiał wymyślić jakąś wymówkę. Ustawiając przy kominku krzesła dla siebie i gościa, zastanawiał się nad usprawiedliwieniem, po czym zaczął rozmowę o pogodzie.

Ksiądz milczał. Juan na próżno próbował nawiązać z nim rozmowę, więc po chwili również zamilkł. Niemal pół godziny siedzieli bez słowa, wpatrując się w ogień.

W pewnej chwili ksiądz wstał i odsunął kawałek niedopalonego drewna od płomieni.

Z dala od ognia żarzące się polano zaczęło dogasać. Juan szybko przesunął je z powrotem w głąb kominka.

– Dobranoc – powiedział ksiądz, szykując się do wyjścia.

– Dobranoc, bardzo dziękuję – odparł Juan. – Nawet najmocniej rozpalony żar szybko gaśnie, gdy jest z dala od ognia.

„Nikt, nawet najmądrzejszy człowiek, nie zdoła podtrzymać żaru i wewnętrznego ognia, jeśli znajdzie się z dala od bliźnich. W najbliższą niedzielę wracam do kościoła".

Manuel – człowiek ważny i potrzebny

Manuel musi być zawsze zajęty. W przeciwnym razie czuje, że jego życie traci sens, on marnuje czas, społeczeństwo go nie potrzebuje, nikt go nie kocha i nikt go nie chce.

Dlatego gdy wstaje, czeka go wiele zajęć: musi obejrzeć wiadomości (w nocy mogło zdarzyć się coś ważnego), przeczytać gazetę (od wczorajszego dnia mogło się wiele zmienić), przypomnieć żonie, że dzieci nie mogą spóźnić się do szkoły, wsiąść do samochodu, taksówki, autobusu lub metra, zawsze w stanie pełnej mobilizacji, ze spojrzeniem utkwionym w przestrzeń. Jeśli to możliwe, po drodze rozmawia przez komórkę, by wszyscy podróżni wiedzieli, że jest kimś ważnym i że świat go potrzebuje.

Manuel przychodzi do biura i z troską pochyla

się nad stertą papierów. Jeśli jest pracownikiem, robi wszystko, aby szef zauważył, że zjawił się punktualnie. Jeżeli jest pracodawcą, zagania wszystkich do roboty. Gdy przez przypadek nie ma nic ważnego do zrobienia, Manuel zawsze coś znajdzie, wymyśli, stworzy nowy plan, wytyczy nową strategię działania.

Manuel idzie na obiad, ale nigdy sam. Jeśli jest szefem, je z przyjaciółmi, dyskutuje o najnowszych rozwiązaniach, krytykuje konkurencję, zawsze ma w rękawie jakiegoś asa, skarży się (z nieukrywaną dumą), że jest przemęczony. Jeżeli zaś jest pracownikiem, również jada z przyjaciółmi, narzeka na szefa, opowiada, jak dużo pracuje po godzinach, z rozpaczą w głosie (i wielką dumą) mówi, że w pracy wiele zależy tylko od niego.

Manuel – pracodawca i pracownik – haruje całe popołudnie. Czasem spogląda na zegarek, musi przecież iść do domu, ale właśnie pojawił się problem, który wymaga rozwiązania, trzeba podpisać dokumenty. Jest przecież człowiekiem uczciwym, chce zasłużyć na swoją pensję, spełnić oczekiwania innych ludzi, sprostać marzeniom rodziców, którzy tak się starali, żeby zapewnić mu odpowiednie wykształcenie.

Wreszcie wraca do domu. Bierze kąpiel, wkłada wygodne ubranie, zasiada do rodzinnej kolacji. Pyta, czy dzieci odrobiły lekcje, co robiła żona. Manuel napomyka o swojej pracy, ale tylko po to, by dać dobry przykład, ponieważ nie przenosi do domu kłopotów, które ma w pracy. Po kolacji dzieci, których nie obchodzą szczytne przykłady, praca domowa i tym podobne rzeczy, idą do komputera. Manuel siada przed wynalazkiem z czasów swego dzieciństwa, zwanym telewizorem. Znów ogląda wiadomości (mogło się przecież coś zdarzyć w ciągu dnia).

Na stoliku przy łóżku zawsze ma jakąś techniczną książkę. Niezależnie od tego, czy jest szefem, czy pracownikiem, zdaje sobie sprawę, jak wielka jest konkurencja. Kto się nie rozwija, ryzykuje utratę pracy i staje przed największym z nieszczęść – brakiem zajęcia.

Rozmawia chwilę z żoną – w końcu jest człowiekiem dobrze wychowanym, pracowitym, kochającym, dba o swoją rodzinę i jest gotów bronić jej zawsze i wszędzie. Szybko morzy go sen. Manuel śpi, bo wie, że jutro będzie bardzo zajęty i musi naładować baterie.

We śnie przychodzi do niego anioł i pyta: „Dlaczego to robisz?". Manuel odpowiada, że jest człowiekiem odpowiedzialnym.

Anioł na to: „Nie możesz zatrzymać się w ciągu dnia przynajmniej na piętnaście minut, rozejrzeć się wokół, spojrzeć na siebie, po prostu nic nie robić?". Manuel odpowiada, że bardzo by chciał, ale nie ma czasu. „Nieprawda – mówi anioł. – Każdy ma na to czas, brakuje mu tylko odwagi. Praca jest darem, kiedy pomaga zrozumieć, co robimy, ale może być przekleństwem, kiedy staje się ucieczką przed pytaniem o sens życia".

Manuel budzi się w środku nocy oblany zimnym potem. Odwaga? Jak to możliwe, żeby człowiek, który poświęca się dla innych, nie miał odwagi zatrzymać się na piętnaście minut?

Lepiej zasnąć, to tylko sen, takie pytania do niczego nie prowadzą, a jutro czeka go dużo, dużo pracy.

Manuel jest wolnym człowiekiem

Manuel pracuje bez przerwy trzydzieści lat, kształci dzieci, świeci przykładem, cały swój czas poświęca pracy, nigdy nie zadaje sobie pytania: „Czy to, co robię, ma sens?". Myśli tylko o jednym, by jak najwięcej pracować i zasłużyć na szacunek społeczeństwa.

Dzieci dorastają, wyprowadzają się z domu, on awansuje, pewnego dnia dostaje zegarek albo pióro jako zadośćuczynienie za lata poświęceń, ten i ów uroni łzę. Wreszcie przychodzi oczekiwana chwila: emerytura i wolność, może robić, co mu się żywnie podoba!

Przez pierwszych kilka miesięcy odwiedza biuro, w którym pracował, rozmawia z dawnymi kolegami i z rozkoszą oddaje się temu, o czym zawsze marzył – wylegiwaniu się w łóżku. Jedzie na plażę lub do miasta, ma dom na wsi, na który zarobił w pocie czoła, odkrywa uroki ogrodnictwa i stawia pierwsze kroki w tajemniczym świecie roślin. Manuel ma czas, ma go tyle, ile tylko zapragnie. Podróżuje, wydając pieniądze, które udało mu się zaoszczędzić. Zwiedza muzea, przez dwie godziny uczy się tego, na co malarze i rzeźbiarze potrzebowali wieków, ale przynajmniej ma poczucie, że poszerza wiedzę. Robi setki, tysiące zdjęć, które wysyła przyjaciołom – w końcu powinni wiedzieć, jaki jest szczęśliwy!

Mijają miesiące. Manuel zaczyna rozumieć, że ogród nie zachowuje się tak samo jak człowiek. Posadzone przez niego rośliny potrzebują czasu, żeby urosnąć, i nie pomoże ciągłe sprawdzanie, czy róża już ma pąki. Nachodzi go refleksja, że wszystko, co widział podczas swoich podróży, było jedynie pejzażem oglądanym z okien autokaru, zostały tylko zabytki uwiecznione w formacie 6 x 9. Nie odczuwał przy tym żadnej przyjemności. Zaprzątał sobie głowę opiniami znajomych, zamiast przeżywać magię zwiedzania obcego kraju.

Nadal ogląda wszystkie wiadomości telewizyjne, czyta więcej gazet (bo ma więcej czasu), uważa się za osobę bardzo dobrze zorientowaną, może dyskutować o rzeczach, o których dawniej nie miał czasu czytać.

Szuka kogoś, z kim mógłby podzielić się swymi przemyśleniami, ale wszystkich wokół porwał wir życia. Pracują, mają mnóstwo spraw na głowie i zazdroszczą Manuelowi wolności. Jednocześnie cieszą się, że są potrzebni społeczeństwu, „zajęci" ważnymi rzeczami.

Manuel szuka pociechy u dzieci, które mają dla niego wiele czułości. Był wspaniałym ojcem, wzorem uczciwości i poświęcenia. Jednak one także mają swoje sprawy, mimo że obowiązkowo uczestniczą w niedzielnych obiadach.

Manuel jest wolnym człowiekiem, ma ustabilizowaną sytuację materialną, wie, co się dzieje na świecie, ma świetlaną przeszłość, ale co dalej? Co zrobić z tą mozolnie zdobytą wolnością? Wszyscy mu gratulują, chwalą, ale nikt nie ma dla niego czasu. W końcu Manuel robi się smutny, czuje się niepotrzebny, mimo że przez tyle lat służył światu i swej rodzinie.

Którejś nocy we śnie przychodzi do niego anioł. „Co zrobiłeś ze swoim życiem? Postarałeś się przeżyć je zgodnie z marzeniami?"

Zaczyna się kolejny długi dzień. Gazety. Wiadomości w TV. Ogród. Krótka drzemka. Chwila dla siebie – i właśnie wtedy Manuel odkrywa, że nic mu się nie chce. Jest wolny i smutny, o krok od depresji, bo kiedy zegar odmierzał kolejne lata, był zbyt zajęty, żeby zastanowić się nad sensem życia. Przypominają mu się słowa poety: „Przeżył życie/nie żyjąc".

Teraz jest za późno, by zaakceptować tę prawdę, lepiej więc zmienić temat. Wolność, o którą tak ciężko walczył, okazała się więzieniem.

Manuel idzie do nieba

Manuel przechodzi na emeryturę, stara się korzystać z tego, że nie musi wcześnie wstawać i może spędzać czas, jak mu się żywnie podoba. Wkrótce jednak popada w depresję, czuje się niepotrzebny, wykluczony ze społeczeństwa, które pomagał tworzyć, opuszczony przez dorosłe już dzieci, niezdolny pojąć sensu własnego życia, gdyż nigdy nie próbował odpowiedzieć sobie na słynne pytanie: „Co ja robię na tym świecie?".

Wreszcie któregoś dnia nasz kochany, uczciwy, zdolny do poświęceń Manuel umiera – prędzej czy później spotka to wszystkich Manuelów, Marie, Moniki. I tu muszę oddać głos Henry'emu Drummondowi, który w swej wspaniałej książce *Największa w świecie rzecz* opisuje, co następuje potem:

„Wszyscy w jakimś momencie zadajemy sobie pytanie, które stawiały wszystkie pokolenia:

Co jest najważniejsze w życiu?

Chcielibyśmy jak najlepiej wykorzystać dany nam czas, gdyż nikt go za nas nie przeżyje. Dlatego musimy wiedzieć, w którą stronę kierować wysiłki, jaki jest nadrzędny cel, który powinniśmy osiągnąć.

Wciąż słyszymy, że największym skarbem naszego życia duchowego jest wiara. Na tej prostej prawdzie od wieków opiera się religia.

Czy rzeczywiście uważamy wiarę za najważniejszą rzecz na świecie? Otóż nie.

W Liście do Koryntian święty Paweł prowadzi nas do początków chrześcijaństwa. Na zakończenie mówi: »Tak więc trwają wiara, nadzieja, miłość – te trzy: z nich zaś największa jest miłość«*.

Święty Paweł, autor tych słów, nie jest gołosłowny. Wcześniej pisze w tym samym liście o wierze i zastrzega: »Gdybym też miał (...) wszelką [możliwą] wiarę, tak iżbym góry przenosił, a miłości bym nie miał, byłbym niczym«.

Paweł nie ucieka od istoty rzeczy, wręcz przeciwnie, porównuje wiarę z miłością i kończy słowami:

»Z nich zaś największa jest miłość«.

Mateusz przedstawia nam klasyczną wręcz wizję Sądu Ostatecznego: Syn Człowieczy zasiądzie na tronie i pastorałem oddzielać będzie owce od kozłów.

---

* Biblia Tysiąclecia, wyd. IV; Św. Paweł, Pierwszy list do Koryntian, 13, 13 (przyp. tłum.).

W owej chwili wielkie pytanie, przed którym stanie ludzkość, nie będzie brzmiało: »Jak żyłem?«.

Będzie brzmieć: »Jak kochałem?«

Ostateczną próbą w drodze do zbawienia jest miłość. Bez znaczenia będzie to, co zrobiliśmy, w co wierzyliśmy, czego dokonaliśmy.

Nic z tego nie zostanie nam policzone. Za to będziemy musieli rozliczyć się z naszej miłości do bliźniego.

W niepamięć pójdą wszystkie nasze błędy. Będziemy osądzeni za dobro, które uczyniliśmy. Dlatego jeśli więzimy w sobie miłość, postępujemy wbrew woli Pana Boga. To znak, że nie poznaliśmy Go, że kochał nas na próżno, a Jego Syn umarł za nas nadaremnie".

Jeśli tak, to nasz Manuel z pewnością dostąpi zbawienia w chwili śmierci. Mimo że nie odnalazł sensu życia, potrafił kochać, zapewnił byt rodzinie i robił to z godnością. Mimo że koniec historii wydaje się szczęśliwy, ostatnie dni życia na ziemi były dla niego bardzo trudne.

Powtórzę zdanie, które Szymon Perez wypowiedział podczas Forum Światowego w Davos: „Zarówno optymista, jak i pesymista musi umrzeć, ale każdy z nich zupełnie inaczej korzystał z życia".

Konferencja w Melbourne

To moje najważniejsze wystąpienie podczas Zjazdu Pisarzy. Jest dziesiąta rano, sala zapełniona do ostatniego miejsca. Wywiad poprowadzi tutejszy pisarz, John Felton.

Jak zwykle wchodzę na podium nieco zdenerwowany. Felton przedstawia mnie i zaczyna zadawać pytania. Nim zdążę rozwinąć myśl, on już zadaje kolejne pytanie. Gdy odpowiadam, rzuca komentarz w rodzaju: „To nie była zbyt jasna odpowiedź". Po pięciu minutach na sali wyczuwa się napięcie, wszyscy zauważyli, że coś jest nie tak. Przypomina mi się Konfucjusz i robię jedyną możliwą rzecz w tej sytuacji.

– Czy lubi pan to, co piszę? – pytam.

– To nie ma nic do rzeczy – odpowiada. – To ja zadaję panu pytania, a nie odwrotnie.

– A właśnie że ma. Nie pozwala mi pan dokończyć myśli. Konfucjusz powiedział: „Jeśli to możliwe, zawsze wyrażaj się jasno". Pójdźmy więc za tą radą i ustalmy jedno: czy podoba się panu to, co piszę?

– Nie, nie podoba mi się. Przeczytałem tylko dwie książki, były okropne.

– OK, możemy kontynuować.

Teraz wiadomo, na czym stoimy. Widownia oddycha z ulgą, powietrze elektryzuje się, wywiad zamienia się w rzeczową dyskusję i wszyscy, łącznie z Feltonem, są zadowoleni z rezultatu.

Pianista w centrum handlowym

Chodzę rozkojarzony po centrum handlowym w towarzystwie znajomej skrzypaczki. Urszula pochodzi z Węgier i obecnie jest gwiazdą dwóch międzynarodowych filharmonii. Nagle chwyta mnie za ramię:

– Posłuchaj!

Nadstawiam uszu. Słyszę głosy dorosłych, krzyki dzieci, dźwięki dobiegające z telewizorów w pobliskim sklepie ze sprzętem elektronicznym, stukanie obcasów o kamienną posadzkę, czyli dobrze znaną i wszechobecną muzykę rozbrzmiewającą we wszystkich centrach handlowych na świecie.

– Czyż to nie wspaniałe?

Mówię, że nie widzę w tym nic nadzwyczajnego ani wspaniałego.

Ona na to:

– Fortepian! – I patrzy na mnie z wyrzutem. Ten pianista jest wspaniały!

– To pewnie jakieś nagranie.

– Niemożliwe.

Wsłuchuję się uważniej i przyznaję, że muzyka grana jest na żywo.

Ktoś gra sonatę Chopina i gdy wreszcie udaje mi się skoncentrować, dźwięki instrumentu wybijają się z otaczającego nas zgiełku. Przemierzamy pasaże pełne ludzi, sklepów, promocji, rzeczy, które – zgodnie z reklamą – ma każdy, oprócz ciebie i mnie. Dochodzimy do części restauracyjnej. Ludzie jedzą, rozmawiają, dyskutują, czytają gazety. Jest też atrakcja, którą centrum handlowe przygotowało dla swoich klientów.

Artysta muzyk i fortepian.

Gra dwie sonaty Chopina, potem Schuberta i Mozarta. Ma nie więcej niż trzydzieści lat. Tabliczka ustawiona obok małej sceny wyjaśnia, że jest słynnym pianistą z Gruzji, jednej z byłych republik radzieckich. Pewnie szukał pracy, wszędzie mu odmawiano, stracił nadzieję, zrezygnował, w końcu wylądował tutaj.

Jednak mam wątpliwości, czy rzeczywiście jest obecny. Zdaje się mieć przed oczami inny, magiczny świat, w którym powstały grane przez niego utwory. Poprzez grę dzieli się miłością, swoją duszą, radością, wszystkim, co w nim najlepsze; latami nauki, wytężonej pracy i żelaznej wprost dyscypliny.

Nie mogę pojąć jednego: że nikt, dosłownie nikt nie podszedł, by go posłuchać. Ludzie przyszli tu kupować, jeść, rozerwać się, obejrzeć wystawy, spotkać się z przyjaciółmi. Obok nas przystaje rozmawiająca głośno para, która po chwili idzie dalej. Pianista tego nie widzi, wciąż rozmawia z aniołami Mozarta. Nie zdaje sobie też sprawy, że ma publiczność składającą się z dwóch osób, z których jedna, utalentowana skrzypaczka, słucha go ze łzami w oczach.

Przypomina mi się pewna kapliczka, w której natknąłem się na dziewczynę śpiewającą dla Pana Boga. Ona jednak była w kaplicy, to miało jakiś sens. W tym przypadku nikt nie słucha, nawet Pan Bóg.

Nieprawda. Bóg zawsze słyszy. Bóg objawia się poprzez duszę i dłonie tego człowieka, który daje nam to, co ma najlepszego. Nieważne, czy ktoś go doceni, nieważne, że za swoją grę dostaje pieniądze. Gra tak, jakby się znajdował w mediolańskiej La Scali lub w paryskiej operze. Gra, ponieważ to jest jego przeznaczenie, radość i powód, dla którego żyje.

Zaczynam odczuwać wobec niego wielki szacunek, szacunek wobec człowieka, który przypomniał mi najważniejszą prawdę: każdy z nas ma do wypełnienia swoją własną historię. Koniec, kropka. Nieważne, czy ktoś nas wspiera, krytykuje, ignoruje, toleruje – robimy coś, bo takie jest nasze przeznaczenie tu na ziemi i to jest właśnie źródło naszej radości.

Pianista kończy kolejny utwór Mozarta i po raz pierwszy zwraca na nas uwagę. Dyskretnie pozdrawia nas wytwornym skinieniem głowy, odpowiadamy tym samym. Jednak po chwili wraca do swego raju i może lepiej go tam zostawić, by nie zraniło go nic z tego świata, nawet nasze nieśmiałe oklaski. Ten człowiek powinien być dla nas wszystkich przykładem. Gdy wydaje nam się, że nikogo nie obchodzi, co robimy, pomyślmy o pianiście. Przez swoją pracę rozmawiał z Bogiem, reszta nie miała żadnego znaczenia.

W drodze na Targi Książki w Chicago

Leciałem z Nowego Jorku do Chicago na Targi Książki organizowane przez American Booksellers Association*. W przejściu samolotu stanął chłopak.

– Potrzebuję dwunastu ochotników – powiedział. – Po wylądowaniu dam każdemu różę.

Zgłosiło się wiele osób, między innymi ja, ale nie zostałem wybrany.

Mimo to postanowiłem za nimi pójść. Kiedy wylądowaliśmy, chłopak wskazał dziewczynę, która czekała w holu lotniska O'Hare. Każdy pasażer po kolei wręczył jej różę. Na końcu podszedł chłopak i przy wszystkich poprosił ją o rękę. Został przyjęty.

Stojący obok mnie steward powiedział:

– Odkąd pracuję na tym lotnisku, to najbardziej romantyczna rzecz, jaka się tu zdarzyła.

---

* Amerykańskie Stowarzyszenie Księgarzy (przyp. tłum.).

O kijkach i regułach

Jesienią 2003 roku spacerowałem późną nocą po centrum Sztokholmu. Gdy zobaczyłem starszą panią idącą z kijkami narciarskimi, najpierw pomyślałem, że pewnie uległa kontuzji, ale po chwili zauważyłem, że maszeruje szybko, rytmicznie, jakby posuwała się na nartach. Problem w tym, że wokół nas wszędzie był goły asfalt. Oczywiście wniosek nasuwał się sam: kobieta oszalała, jak można bowiem udawać jazdę na nartach w środku miasta?

Wróciwszy do hotelu, opowiedziałem o zdarzeniu mojemu wydawcy. Odparł, że to ja jestem wariatem, ponieważ to, co widziałem, było rodzajem gimnastyki zwanej nordyckim marszem (*nordic walking*). Zgodnie z jej zasadami oprócz nóg muszą pracować również przedramiona, ramiona i mięśnie pleców, co sprawia, że jest to bardzo wszechstronne ćwiczenie.

Kiedy sam idę na przechadzkę (poza strzelaniem z łuku spacerowanie jest moim ulubionym sposobem spędzania wolnego czasu), najważniejsze jest dla mnie to, że mogę rozmyślać, zastanawiać się, podziwiać widoki, porozmawiać z żoną. Uznałem więc wytłumaczenie wydawcy za ciekawostkę, o której szybko zapomniałem.

Któregoś dnia poszedłem do sklepu sportowego dokupić coś do moich strzał i zauważyłem nowy model kijków do górskiej wspinaczki. Były lekkie, aluminiowe, składały się teleskopowo, tak jak nóżki w statywie fotograficznym. Przypomniał mi się nordycki marsz: czemu by nie spróbować? Kupiłem więc dwie pary, jedną dla siebie, drugą dla żony. Dostosowaliśmy kijki do naszego wzrostu i następnego dnia postanowiliśmy je wypróbować.

To było wspaniałe odkrycie! Wspięliśmy się na górę, potem z niej zeszliśmy, czując, że rzeczywiście pracujemy całym ciałem. Łatwiej było utrzymać równowagę, trudniej się zmęczyć. W godzinę pokonaliśmy dystans dwa razy dłuższy od tego, który przemierzamy zazwyczaj. Przypomniałem sobie o wąwozie, którym płynął kiedyś strumień. Na dnie znajdowały się wielkie głazy uniemożliwiające przejście na drugą stronę. Uznałem, że z kijkami będzie o wiele łatwiej, i rzeczywiście, nie pomyliłem się.

Żona weszła do Internetu i wyczytała, że dzięki nordyckim marszom można spalić o 46 procent kalorii więcej niż podczas zwykłego spaceru. Była zachwycona i wkrótce marsze stały się naszą codziennością.

Któregoś popołudnia dla rozrywki ja także postanowiłem sprawdzić, co na ten temat piszą w Internecie. Przeraziłem się. Dziesiątki stron, stowarzyszeń, grup, klubów dyskusyjnych, wzorów i... reguł.

Nie wiem, co mi strzeliło do głowy, żeby wejść na tę stronę. Kiedy zacząłem czytać, moje przerażenie wzrosło. Wszystko robiłem źle! Kijki powinny być wyższe, maszerować trzeba w określonym rytmie, ustalić kąt podparcia. Opisany był też ruch ramion, inna powinna być pozycja łokcia w stosunku do tułowia – wszystko według rygorystycznych zasad i dokładnie przedstawionych technik.

Wydrukowałem wszystkie strony. Następnego dnia – i przez wiele kolejnych – próbowałem chodzić z kijkami tak, jak kazali specjaliści. Straciłem zainteresowanie chodzeniem, nie widziałem cudownych pejzaży wokoło, rzadko odzywałem się do żony, myślałem wyłącznie o zasadach. Po tygodniu zadałem sobie pytanie: po co ja się tego uczę?

Przecież nie zależało mi na gimnastyce. Myślę, że ludzie, którzy uprawiali nordycki marsz, na początku mieli na uwadze wyłącznie własną przyjemność, wygodę pewniejszego chodzenia i ogólny ruch. Intuicyjnie wyczuwali najdogodniejszą wysokość kijka, wiedzieli, że gdy trzymają kijki bliżej ciała, poruszanie się jest łatwiejsze. Teraz z powodu reguł przestałem myśleć o tym, co sprawia mi przyjemność, a martwiłem się, czy spalam dostatecznie dużo kalorii, czy dobrze pracują moje mięśnie oraz czy odpowiednio poruszają się dane partie kręgosłupa.

Postanowiłem wyrzucić z pamięci wszystko, czego się nauczyłem. Dziś chodzimy z dwoma kijkami, chłonąc otaczającą przyrodę, ciesząc się, że możemy poćwiczyć, poruszać się, zachowując równowagę ciała. A jeśli będę chciał spróbować innych ćwiczeń niż „medytacja w ruchu", zapiszę się na siłownię. Jak dotąd jestem zadowolony z moich relaksujących, choć intensywnych nordyckich marszów, nawet jeśli nie tracę przy tym o 46 procent kalorii więcej.

Nie wiem, skąd u ludzi ta potrzeba wciskania wszędzie regulaminów.

O kromce, co spadła złą stroną

Wszyscy święcie wierzymy w słynne prawo Murphy'ego: cokolwiek robimy, zazwyczaj kończy się to źle. Jean Claude Carriére opowiedział mi interesującą historię.

Pewien mężczyzna spokojnie pił poranną kawę. Nagle kromka chleba, którą posmarował masłem, spadła na podłogę.

Jakież było jego zdziwienie, gdy schyliwszy się, zobaczył, że chleb spadł posmarowaną stroną do góry! Mężczyzna uznał, że stał się cud. Podekscytowany, opowiedział o zdarzeniu znajomym. Wszyscy byli zdziwieni, przecież kromka chleba zawsze spada masłem w dół, przy okazji brudząc wszystko dookoła.

Może jesteś święty – zauważył ktoś. – Otrzymałeś znak od Boga.

Wkrótce wiadomość obiegła całą wieś i wszyscy żywo dyskutowali o tym, co się stało. Jak to możliwe, że wbrew zasadzie kromka chleba spadła temu człowiekowi właśnie w taki sposób? Nikt nie umiał na to odpowiedzieć, więc poszli do mieszkającego w pobliżu Mistrza i opowiedzieli o wydarzeniu.

Mistrz poprosił o czas na refleksję i modlitwę, by otrzymać natchnienie od Boga. Następnego dnia ludzie zjawili się u niego ciekawi odpowiedzi.

– To proste – powiedział Mistrz. – Chleb upadł dokładnie tak, jak powinien, tylko masło było po złej stronie.

O książkach i bibliotekach

W zeszłym tygodniu pisałem o moich ulubionych książkach. Tak naprawdę nie mam ich wiele. Kilka lat temu dokonałem w życiu paru ważnych wyborów, kierując się zasadą: maksimum jakości, minimum przedmiotów. Nie oznacza to wcale, że wybrałem życie zakonne – wręcz przeciwnie, gdy nie mamy potrzeby posiadania niezliczonej liczby przedmiotów, zyskujemy ogromną wolność. Niektórzy znajomi (i znajome) skarżą się, że z powodu zbyt wielu ubrań spędzają całe godziny przed lustrem, zastanawiając się, co na siebie włożyć. Ja sam ograniczyłem swoją garderobę do „podstawowej czerni" i tego typu zmartwienia mam z głowy.

Nie chcę jednak pisać o modzie, lecz o książkach. Wracając do tematu, postanowiłem zatrzymać w swojej bibliotece jedynie 400 książek, niektóre z powodów sentymentalnych, inne dlatego, że często do nich wracam. Przyczyn tej decyzji było wiele, między innymi smutna refleksja, która nachodzi mnie, gdy widzę księgozbiory pieczołowicie gromadzone przez lata, sprzedawane potem na kilogramy, bez żadnego szacunku. Poza tym po co gromadzić w domu opasłe tomy? Żeby pokazać znajomym, jaki jestem oczytany? Żeby ozdobić ściany? Kupione kiedyś książki bardziej przydadzą się w bibliotece publicznej niż u mnie w domu.

Dawniej mogłem się usprawiedliwiać, że potrzebuję ich do sprawdzania różnych informacji. Jednak dziś, gdy czegoś szukam, włączam komputer, wprowadzam hasło i mam przed oczami całą listę. To Internet, największa biblioteka na tej planecie.

Oczywiście nadal kupuję książki – nie zastąpi ich żadna elektroniczna forma. Teraz jednak każdą przeczytaną książkę puszczam w obieg – daję komuś lub zanoszę do biblioteki publicznej. Nie chodzi mi o ratowanie lasów czy o gest hojności. Po prostu wierzę, że każda książka ma do przebycia pewną drogę i nie można pozwolić, żeby bezużytecznie stała na półce.

Jako pisarz, człowiek żyjący z praw autorskich, pewnie działam na własną szkodę – w końcu, im więcej kupicie książek, tym więcej zarobię. Jednak byłbym nieuczciwy wobec czytelników, szczególnie z krajów, gdzie biblioteki publiczne zaopatruje się zgodnie z programami rządowymi, czyli z pominięciem podstawowej zasady tworzenia księgozbioru o jakości książki świadczy to, czy dobrze się ją czyta.

Pozwólmy więc, by nasze książki podróżowały, by dotykały ich inne ręce, by cieszyły cudze oczy. Gdy piszę te słowa, przypomina mi się fragment wiersza Jorge Luisa Borgesa o książkach, których pisarz już nigdy nie otworzy.

Gdzie jestem teraz? W małej mieścinie, we francuskich Pirenejach, siedzę w kawiarni, wykorzystując dobrodziejstwo klimatyzacji, ponieważ temperatura na zewnątrz jest nie do zniesienia. Tak się składa, że mam w domu pełne wydanie wszystkich dzieł Borgesa, ale to parę ładnych kilometrów od kawiarni, w której piszę. Jest to pisarz, do którego wciąż wracam. A może zrobić mały test?

Przechodzę na drugą stronę ulicy. Po pięciu minutach jestem w innej kawiarni, wyposażonej w komputery (znanej pod sympatyczną nazwą kafejki internetowej, łączącą z pozoru wykluczające się znaczenia). Witam się z właścicielem, zamawiam wodę mineralną z lodówki, wchodzę na stronę przeglądarki i wstukuję jedyny wers, jaki pamiętam, oraz nazwisko autora. Po niecałych dwóch minutach mam przed sobą cały wiersz:

Jest taki wiersz Verlaine'a, którego nigdy nie
pamiętam.
Jest takie lustro, które mnie już nigdy nie zobaczy.
Są takie drzwi zamknięte aż po koniec świata.

Wśród książek w mojej bibliotece
Są takie drzwi, których nigdy już nie otworzę.

Rzeczywiście, mam wrażenie, że wśród rozdanych przeze mnie książek wiele jest takich, których bym już nigdy nie otworzył. Wciąż pojawiają się nowe, interesujące rzeczy, a ja uwielbiam czytać. To wspaniałe, że ludzie mają biblioteki. Zwykle pierwszy kontakt dziecka z książką powodowany jest ciekawością na widok oprawionych tomów z ilustracjami, pełnych liter. Cieszę się także z tego, że rozdając autografy, spotykam czytelników, którzy przynoszą podniszczone egzemplarze książek pożyczanych kilkunastu osobom. To znaczy, że książka podróżowała, tak jak podróżowały myśli autora, gdy ją pisał.

Praga 1981

Pewnego razu, zimą 1981 roku, gdy chodziłem z żoną po Pradze, natknęliśmy się na chłopca rysującego okoliczne kamienice.

Mimo że w podróży nie lubię wozić dodatkowych rzeczy (a mieliśmy przed sobą długą drogę), wpadł mi w oko jeden rysunek i postanowiłem go kupić.

Kiedy wyciągnąłem pieniądze, zauważyłem, że chłopak nie ma rękawiczek, choć panował pięciostopniowy mróz.

– Dlaczego nie masz rękawiczek? – spytałem.

– Żeby było wygodniej trzymać ołówek.

Zaczął mi opowiadać, że uwielbia Pragę zimą i że to najlepszy okres, by ją malować. Tak bardzo się ucieszył ze sprzedaży, że postanowił za darmo narysować portret mojej żony.

Kiedy czekałem, aż skończy rysować, przyszła mi do głowy myśl, że stało się coś dziwnego. Rozmawialiśmy ponad pięć minut, choć nie znaliśmy żadnego wspólnego języka. Porozumiewaliśmy się gestami, uśmiechami, grymasem, a wszystko dzięki chęci podzielenia się czymś ważnym.

Ta zwykła potrzeba dzielenia się sprawia, że potrafimy wejść w inny świat bez słów, a mimo to wszystko staje się jasne i nie ma obawy, że coś zostanie opacznie zrozumiane.

Dla tej, która jest głosem wszystkich kobiet

Tydzień po zakończeniu Targów Książki we Frankfurcie w 2003 roku zadzwonił mój norweski wydawca. Organizatorzy koncertu z okazji przyznania Pokojowej Nagrody Nobla Irance Shirin Ebadi proszą, żebym napisał dla nich przemówienie.

W takiej sytuacji trudno odmówić, wszak Shirin Ebadi to legenda. Mimo 150 centymetrów wzrostu i nikłej postury sprawiła, że jej głos w obronie praw człowieka dotarł do wszystkich zakątków świata. Jednocześnie czuję się nieco onieśmielony taką odpowiedzialnością. Ceremonię transmitować będzie 110 krajów, a ja mam w ciągu dwóch minut opowiedzieć o kimś, kto poświęcił całe życie drugiemu człowiekowi. Idę przez las obok starego wiatraka, w którym mieszkam, gdy przyjeżdżam do Europy.

Kilka razy zastanawiam się, czy nie zadzwonić i nie powiedzieć, że brakuje mi natchnienia. Jednak to właśnie trudne wyzwania są w życiu najciekawsze, dlatego w końcu przyjmuję propozycję.

Dziewiątego grudnia jadę do Oslo, następnego dnia – świeci piękne słońce – siedzę wśród publiczności podczas ceremonii wręczania nagrody. Przez szerokie okna w ratuszu widzę port, gdzie dwadzieścia jeden lat temu stałem z żoną, patrząc na skute lodem morze, zajadając krewetki, które przed chwilą wpłynęły na rybackich kutrach. Myślę o długiej drodze, jaką przebyłem od tamtego dnia w porcie do obecnej chwili tu na sali. Wspomnienia rozpraszają fanfary na cześć wchodzącej rodziny królewskiej. Komitet organizacyjny wręcza nagrodę, Shirin Ebadi wygłasza płomienną mowę, w której sprzeciwia się terrorowi, stosowanemu pod pretekstem wprowadzania policyjnego ładu na świecie.

Wieczorem, podczas koncertu na cześć laureatki, Catherine Zetha-Jones zapowiada moje przemówienie. Naciskam guzik w komórce (wszystko zostało wcześniej uzgodnione), w starym wiatraku dzwoni telefon i po chwili moja żona jest już ze mną, słuchając głosu Michaela Douglasa, który czyta mój tekst.

A oto przemówienie. Myślę, że dotyczy wszystkich ludzi walczących o lepszy świat.

Poeta Rumi powiedział: życie przypomina los człowieka, którego władca posłał do odległego kraju, by wypełnił powierzone mu zadanie. Posłaniec jedzie i robi wiele różnych rzeczy, ale jeśli nie zrobi tego, o co go proszono, w rzeczywistości nie zrobi nic.

Kobiecie, która zrozumiała swoją misję.

Kobiecie, która patrzyła na drogę przed sobą, zdając sobie sprawę z trudów przyszłej podróży.

Kobiecie, która nie próbowała bagatelizować trudności, przeciwnie, mówiła o nich głośno, tak by wszyscy usłyszeli.

Kobiecie, która sprawiła, że osamotnieni poczuli się mniej opuszczeni, która zaspokoiła ludzki głód i pragnienie sprawiedliwości, kobiecie, dzięki której oprawca poczuł się tak źle, jak prześladowany.

Kobiecie, której drzwi są zawsze otwarte, ręce zajęte pracą, a stopy wciąż w drodze.

Kobiecie uosabiającej słowa innego perskiego poety Hafeza: nawet siedem tysięcy lat radości nie usprawiedliwi siedmiu dni prześladowań.

Kobiecie, która jest tu dziś z nami,

by była w każdym z nas,

by za jej przykładem poszli inni,

by przeżyła jeszcze wiele trudnych dni, które pozwolą jej dokończyć dzieło, by dzięki niej przyszłe pokolenia znały pojęcie niesprawiedliwości tylko ze słowników, a nie z własnego doświadczenia.

By jej podróż trwała długo,

gdyż jej marsz wyznacza rytm przemian.

A wprowadzanie zmian, prawdziwych zmian, wymaga czasu.

Przyjechał ktoś z Maroka

Przyjechał ktoś z Maroka i opowiedział mi ciekawą historię, ukazującą, jak koczownicze ludy pustyni wyobrażają sobie mit grzechu pierworodnego.

Ewa przechadzała się po rajskim ogrodzie, gdy nagle drogę zastąpił jej wąż.

– Zjedz jabłko – powiedział.

Ewa, upomniana wcześniej przez Pana Boga, odmówiła.

– Zjedz jabłko – nalegał wąż. – Musisz być piękna dla swojego mężczyzny.

– Nie muszę – odparła Ewa. – Jestem jego jedyną kobietą, innej nie ma.

Wąż zaśmiał się.

– Ależ ma. – I żeby przekonać o tym Ewę, zaprowadził ją na wzgórze, gdzie znajdowała się studnia. – Jest tam, w środku, Adam ją tam schował.

Ewa nachyliła się, zobaczyła w studni piękną kobietę i od razu zjadła jabłko, które podał jej wąż.

Według wierzeń tego marokańskiego plemienia do raju pójdą tylko ci, którzy rozpoznają swoje odbicie w studni i przestaną bać się samych siebie.

Mój pogrzeb

W londyńskim hotelu zjawił się dziennikarz „Mail on Sunday" i zadał mi proste pytanie: gdybym dziś umarł, jak wyglądałby mój pogrzeb?

Na dobrą sprawę myśl o śmierci towarzyszy mi codziennie od 1986 roku, gdy udałem się z pielgrzymką do Santiago*. Do tego czasu świadomość, że wszystko ma swój kres, napawała mnie przerażeniem. Jednak w trakcie pielgrzymki poddałem się pewnemu ćwiczeniu, które polegało na tym, że dałem się pogrzebać żywcem. Wstrząsnęło ono mną do tego stopnia, że całkowicie pozbyłem się strachu i zacząłem patrzeć na śmierć jak na nieodłączną towarzyszkę drogi przez życie, która zawsze jest obok, szepcząc: „Przyjdę po ciebie, nim się obejrzysz, dlatego żyj zawsze pełną piersią".

---

* Sanktuarium w Santiago de Compostella (przyp. tłum.).

Nie odkładam na jutro tego, co mogę przeżyć dzisiaj – dotyczy to zarówno rozrywek, jak i obowiązków związanych z pracą, przeprosin, gdy czuję, że kogoś zraniłem, a także przeżywania każdej sekundy tak, jakby miała być ostatnia. Przywołuję w pamięci liczne chwile, gdy poczułem zapach śmierci. Ciągnący się w nieskończoność dzień w 1974 roku w Aterro do Flamengo (Rio de Janeiro), kiedy samochód zablokował taksówkę, którą jechałem, i wyskoczyła z niego grupa uzbrojonych ludzi. Wsadzili mi na głowę worek i choć zapewniali, że nic mi nie grozi, byłem pewien, że wkrótce dołączę do zaginionych ofiar wojskowego reżimu.

Innym razem, w sierpniu 1989 roku, zgubiłem się na stromym zboczu w Pirenejach. Patrząc na otaczające mnie nagie, bezśnieżne szczyty, byłem przekonany, że znajdą moje ciało najwcześniej latem następnego roku. W końcu, po wielu godzinach kręcenia się w kółko, znalazłem ścieżkę, która doprowadziła mnie do jakiejś zapomnianej wioski.

Jednak dziennikarz „Mail on Sunday" nie daje za wygraną: jak będzie wyglądał sam pogrzeb? No dobrze, zgodnie z moim testamentem pogrzebu nie będzie. Postanowiłem, że moje zwłoki zostaną skremowane, a żona rozrzuci prochy w miejscu zwanym Cebreiro w Hiszpanii – tam gdzie znalazłem miecz. Nikomu nie wolno opublikować żadnego z moich rękopisów (przerażają mnie te wszystkie pośmiertne „dzieła zebrane" i „szuflady pełne tekstów", które bez skrupułów wydają spadkobiercy artysty, by zarobić parę groszy; jeśli sam zainteresowany nie zrobił tego za życia, dlaczego nie szanuje się jego woli?). Miecz, który znalazłem w drodze do Santiago de Compostella, ma być wrzucony z powrotem do morza, skąd został wyłowiony. Natomiast moje pieniądze wraz z tantiemami, które będą jeszcze wpływać przez następne pięćdziesiąt lat, mają w całości zasilić stworzoną przeze mnie fundację.

„A napis na grobie?" – nalega dziennikarz. Skoro zostanę skremowany, nie będzie płyty nagrobnej ani żadnego napisu, ponieważ moje prochy rozwieje wiatr. Jednak gdybym miał wybrać jakieś zdanie, chciałbym, aby na grobie widniał napis: „Zmarł, żyjąc pełną piersią". Pozornie brzmi to absurdalnie, lecz znam wielu ludzi, którzy dawno umarli, choć nadal pracują, jedzą i robią to wszystko, co dotychczas. Jednak wykonują te czynności automatycznie, nie pojmując magii, którą przynosi każdy nowy dzień, nie przystając choćby na chwilę, by zastanowić się nad cudem życia, nie rozumiejąc, że następna minuta może być ich ostatnią na tej ziemi.

Dziennikarz żegna się, a ja siadam do komputera, by napisać felieton. Wiem, że nikt nie lubi o tym rozmyślać, ale czuję się w obowiązku skłonić czytelników, by zastanowili się nad ważnymi sprawami dotyczącymi życia. A śmierć jest chyba z nich wszystkich najważniejsza. Zmierzamy przecież w jej kierunku, nie wiedząc, kiedy nas dosięgnie. Dlatego mamy obowiązek rozglądać się wokół, dziękując jej za każdą darowaną minutę, a także za to, że skłania nas do refleksji nad ważnością wyboru takiej czy innej postawy moralnej.

W chwili gdy przestaniemy robić rzeczy, które czyniły nas „martwymi za życia", będziemy mogli postawić wszystko na jedną kartę, zaryzykować, zrealizować to, o czym zawsze marzyliśmy.

Czy tego chcemy, czy nie, anioł śmierci na nas czeka.

Naprawić pajęczynę

Jestem w Nowym Jorku, umówiłem się po południu na herbatę z nietuzinkową artystką. Pracuje w banku na Wall Street, lecz któregoś dnia przyśniło jej się, że musi odwiedzić dwanaście miejsc na świecie i w każdym z nich namalować obraz lub wykonać rzeźbę, wykorzystując w tym celu samą przyrodę.

Jak dotąd udało jej się zrealizować cztery prace. Pokazuje mi fotografie jednej z nich: to Indianin wyrzeźbiony w kalifornijskiej grocie. Mówi, że nadal pracuje w banku, bo dzięki temu ma pieniądze na realizację zadań płynących ze snów.

Pytam, dlaczego to robi.

– Żeby utrzymać równowagę w świecie – odpowiada. – Może to zabrzmi głupio, ale wszystkich nas łączy ledwo wyczuwalna więź, którą możemy naszymi czynami wzmocnić lub zepsuć. Wiele rzeczy możemy zachować lub zniszczyć jednym, z pozoru nieważnym gestem.

Być może moje sny wydają się niedorzeczne, ale wolę nie ryzykować, muszę je realizować. Według mnie relacje między ludźmi przypominają ogromną i delikatną pajęczą sieć. Moimi pracami staram się naprawić zerwane nici pajęczej sieci.

Oto moi adwokaci

– Ten król jest potężny, bo ma pakt z diabłem – powiedziała pewna świątobliwa kobieta. Chłopak zdziwił się.

Po jakimś czasie, gdy jechał do innego miasta, usłyszał siedzącego obok człowieka:

– Wszystkie te ziemie należą do jednego pana. To na pewno jakaś diabelska sztuczka!

Któregoś letniego wieczoru obok chłopca przeszła piękna kobieta.

– Ta niewiasta jest na usługach szatana! – krzyknął wzburzony kaznodzieja.

Chłopiec postanowił odnaleźć diabła.

– Czy to prawda, że dajesz ludziom władzę, bogactwo i urodę? – spytał, gdy go znalazł.

– Niezupełnie – odparł diabeł. – Usłyszałeś tylko opinie ludzi, którym zależy na mojej sławie.

Jak przeżyć

Dostałem paczkę z trzema litrami płynu, który ma zastąpić mleko. Pewna norweska firma chce wiedzieć, czy jestem zainteresowany zainwestowaniem w produkcję tego nowego produktu spożywczego, ponieważ – zgodnie z opinią specjalisty Davida Rietza – „KAŻDE (to jego własne podkreślenie) krowie mleko zawiera 59 czynnych hormonów, dużo tłuszczu, cholesterolu, dioksyn, bakterii i wirusów".

A co z wapniem? Od dziecka słyszałem od matki, że jest dobre na kości, ale naukowiec zdaje się czytać w moich myślach: „Wapń? Skąd krowy czerpią wapń do budowy swych potężnych kości? Z roślin!". Oczywiście nowy produkt powstał na bazie roślin, a mleko zostało wykreślone z jadłospisu po przeprowadzeniu wielu badań w różnych krajach na świecie.

A co z proteinami? David Rietz jest niestrudzony: „Wiem, że mleko nazywane jest mięsem w płynie (osobiście nigdy nie słyszałem tego określenia) ze względu na wysoki poziom zawartych w nim protein. Jednak to właśnie proteiny nie pozwalają na odpowiednie przyswajanie wapnia przez organizm. W krajach, w których dieta jest bogata w proteiny, notuje się wysoki wskaźnik zachorowań na osteoporozę (brak wapnia w kościach)".

Tego samego popołudnia dostaję od żony tekst z Internetu:

„Ludzie mający od 40 do 60 lat bezpiecznie jeździli samochodami, nie zapinając pasów bezpieczeństwa, nie mieli zagłówków ani poduszek powietrznych. Dzieci bawiły się na tylnym siedzeniu, hałasując i szalejąc na całego.

Kołyski malowano »niebezpieczną« kolorową farbą, która mogła przecież zawierać związki ołowiu lub inne niebezpieczne pierwiastki".

Należę do pokolenia, które robiło słynne zabawki-wózki. Był to pojazd (trudno to wyjaśnić młodemu pokoleniu) zbudowany z dwóch metalowych kul ujętych dwiema żelaznymi obręczami. Zjeżdżaliśmy na tym ze stromych pagórków Botafogo*, używając butów zamiast hamulców. Przewracaliśmy się i byliśmy nieźle poobijani, ale dumni z tej przygody na wysokich obrotach.

---

* Botafogo – dzielnica Rio de Janeiro (przyp. tłum.).

W tekście czytamy dalej:

„Nie było telefonów komórkowych i nasi rodzice nie wiedzieli, gdzie się podziewamy. Jak to było możliwe? Dzieci nigdy nie miały racji, wciąż je karano i nie miały z tego powodu problemów psychologicznych, nie czuły się odrzucone ani pozbawione miłości. W szkole byli lepsi i gorsi uczniowie. Ci pierwsi zdawali do następnej klasy, pozostali oblewali. Jednak nie zajmował się nimi psychoterapeuta, ważne było, żeby powtórzyli i zaliczyli rok".

Mimo to przeżyliśmy, choć z poobijanymi kolanami i lekko poturbowani. Co więcej, z łezką w oku wspominamy czasy, gdy mleko nie było trucizną, dzieci rozwiązywały swoje problemy bez niczyjej pomocy, biły się, kiedy to było konieczne, i większość dnia spędzały bez elektronicznych gier, wymyślając zabawy z przyjaciółmi.

Wróćmy jednak do tematu tego felietonu. Postanowiłem wypróbować nowy cudowny produkt, który miał zastąpić trujące mleko.

Nie byłem w stanie przełknąć więcej niż jeden łyk.

Poprosiłem żonę i sprzątaczkę, by też spróbowały, nie mówiąc im, o co chodzi. Obie stwierdziły, że w życiu nie piły czegoś tak ohydnego.

Martwię się o dzieci w przyszłości, z elektronicznymi zabawkami, rodzicami nieustannie rozmawiającymi przez komórkę, z psychoterapeutami, którzy będą pomagać im po każdej porażce. Przede wszystkim jednak żal mi ich, bo codziennie będą musiały wypić „magiczną szklankę" płynu, który gwarantuje życie bez cholesterolu, osteoporozy, 59 czynnych hormonów i toksyn.

Będą zdrowe i zrównoważone, a gdy dorosną, odkryją mleko (do tego czasu picie mleka zostanie zabronione). Kto wie, może w 2050 roku jakiś naukowiec przywróci do łask napój, który pijemy od zarania dziejów?

A może mleko będą rozprowadzali tylko dealerzy narkotyków?

Przeznaczony na śmierć

Powinienem był umrzeć o godzinie 22.30, 22 sierpnia 2004 roku, niecałe 48 godzin przed moimi urodzinami. Scenariusz mej niedoszłej śmierci poprzedziły i niemal urzeczywistniły następujące wydarzenia:

a) promując w wywiadach swój nowy film, Will Smith ciągle powoływał się na moją powieść *Alchemik*;

b) film oparty był na książce *Ja, Robot* Isaaca Asimova, którą przeczytałem przed laty i bardzo mi się podobała. Przez wzgląd na Smitha i Asimova postanowiłem obejrzeć film.

Zjadłem wcześniej kolację, wraz z żoną wypiłem pół butelki wina, zaprosiłem na seans panią, która u nas sprząta (wahała się, ale w końcu przyjęła zaproszenie). Dojechaliśmy na czas, kupiliśmy prażoną kukurydzę, obejrzeliśmy film, który nam się spodobał.

Wsiadałem do samochodu z nadzieją, że za dziesięć minut dojadę do mojego starego wiatraka przerobionego na dom. Włączyłem płytę z brazylijską muzyką i postanowiłem jechać wolno, byśmy przez te dziesięć minut mogli wysłuchać przynajmniej trzech piosenek.

Na dwukierunkowej drodze wijącej się przez małe senne miasteczka nagle, nie wiadomo skąd, w bocznym lusterku zauważyłem dwa światła, a przed nami zagrodzone słupkami skrzyżowanie.

Próbuję hamować, bo widzę, że samochód nie zdąży nas wyprzedzić, gdyż nie pozwalają na to stojące na drodze słupki. Wszystko trwa ułamek sekundy – pamiętam, jak przez głowę przemknęła mi myśl: „Ten facet chyba zwariował!" – ale nawet nie miałem czasu się odezwać. Kierowca samochodu (wtedy zdawało mi się, że to był mercedes, ale dziś nie mam pewności) widzi słupki, przyspiesza, zajeżdża mi drogę, a gdy próbuje wyprostować koła, wypada z trasy.

Od tej pory wszystko toczy się jak w zwolnionym tempie: samochód przewraca się na bok, robi jeden fikołek, drugi, trzeci, wpada na barierkę i koziołkuje dalej, odbijając się wielkimi skokami od ziemi, raz przodem, raz tyłem.

Całą scenę oświetlają reflektory mojego auta, nie jestem w stanie się zatrzymać i jadę naprzód, mijając dachujący obok samochód, jakby to był kadr z obejrzanego przed chwilą filmu, choć, mój Boże, tam była fikcja, a tu rzeczywistość!

Samochód wpada z powrotem na jezdnię, wreszcie przewraca się na lewy bok. Widzę koszulę kierowcy. Zatrzymuję się obok, w głowie mam jedną myśl – muszę wysiąść, pomóc. W tej samej chwili czuję, jak paznokcie żony wbijają mi się w ramię. Błaga, bym, na miłość boską, nie zatrzymywał się i zaparkował dalej, bo przewrócony samochód może wybuchnąć i stanąć w płomieniach.

Jadę jeszcze jakieś sto metrów. Z radia, jak gdyby nigdy nic, sączy się brazylijska muzyka. Wszystko zdaje się takie surrealistyczne, odległe. Moja żona i sprzątaczka Isabel wysiadają, biegną w stronę wozu. Nadjeżdżający z przeciwka samochód daje po hamulcach. Wychodzi z niego zdenerwowana kobieta. Światła jej samochodu również oświetlają dantejską scenę. Pyta, czy mam komórkę. Tak, mam. No to niech pan dzwoni po karetkę!

Jaki jest numer na pogotowie? Ona patrzy na mnie, przecież każdy to wie! Trzy razy 51! Komórka jest wyłączona, w kinie zawsze o tym przypominają. Wstukuję PIN, dzwonię na pogotowie: 51 51 51. Tak, wiem, gdzie zdarzył się wypadek, między wioską Laloubere i Horgues.

Żona ze sprzątaczką wracają; chłopak jest posiniaczony, ale wygląda na to, że to nic groźnego. Po wszystkim, co widziałem, po sześciu fikołkach, nic groźnego! Wysiada z samochodu, ledwo trzymając się na nogach, zatrzymują się inni kierowcy, w pięć minut zjawiają się strażacy, wszystko dobrze się kończy.

Wszystko dobrze się kończy... Gdyby nie ułamek sekundy, wpadłby na nas i zepchnął do rowu, wszystko skończyłoby się o wiele gorzej. Fatalnie.

Po powrocie do domu idę popatrzeć na gwiazdy. Czasem coś staje nam na drodze, ale ponieważ nie wybiła jeszcze nasza godzina, przechodzi obok, ledwie nas muskając, lecz na tyle blisko, byśmy mogli dobrze się przyjrzeć. Dziękuję Bogu, bo pozwolił mi wreszcie zrozumieć słowa, które często powtarza mój przyjaciel: zdarzyło się wszystko, co miało się zdarzyć, a jednocześnie nie zdarzyło się nic.

Zorza

Podczas Forum Ekonomicznego w Davos laureat Nagrody Nobla Szymon Percz opowiedział następującą historyjkę:

Pewien rabin zebrał swoich uczniów i zapytał:

– Kiedy możemy zauważyć moment, gdy kończy się noc, a zaczyna dzień?

– Wtedy, gdy z daleka jesteśmy w stanie odróżnić owcę od psa – powiedział jeden chłopiec.

– Nieprawda – odezwał się drugi. – Wiemy, że zaczyna się dzień, kiedy z dużej odległości możemy odróżnić drzewo oliwne od figowca.

– To niezbyt dobre wytłumaczenie.

– A jaka jest odpowiedź? – spytali chłopcy.

Rabin odparł:

– Kiedy podchodzi do nas obcy człowiek, a my bierzemy go za naszego brata i znikają spory – to jest chwila, gdy kończy się noc, a zaczyna dzień.

Pewien styczniowy dzień 2005 roku

Strasznie dziś pada, a temperatura nie przekracza 3°C. Postanowiłem się przejść. Uważam, że jeśli przynajmniej raz dziennie nie pójdę na spacer, będzie mi się źle pracowało. Jednak wiatr jest tak silny, że po dziesięciu minutach wracam do domu. Ze skrzynki na listy wyjmuję gazetę – nic ciekawego, różne rzeczy, które według dziennikarzy powinniśmy wiedzieć, które mamy śledzić i zająć wobec nich stanowisko.

Zasiadam do komputera, by przeczytać pocztę.

Nic nowego, mało ważne sprawy, które udaje mi się szybko załatwić.

Ćwiczę trochę z łukiem i strzałą, ale wiatr wciąż jest zbyt silny, nie ma sensu. Skończyłem dwuletnią pracę nad książką *Zahir,* która zostanie wydana za dwa tygodnie. Moje artykuły do Internetu już napisane, wiadomości na mojej stronie WWW zaktualizowane. Zrobiłem sobie badanie żołądka, które szczęśliwie nie wykazało żadnych niebezpiecznych zmian (choć trochę się przestraszyłem, gdy do ust włożono mi rurkę, ale potem okazało się, że nic mi nie jest). Poszedłem do dentysty. Listem poleconym przysłano wreszcie bilety lotnicze na najbliższą podróż, na które tak długo czekałem. Jest parę spraw do załatwienia jutro, kilka rzeczy, które zrobiłem wczoraj, ale dziś...

Dziś nie ma absolutnie niczego, na czym mógłbym się skoncentrować.

Zaczynam się denerwować. Czy nie powinienem czegoś zrobić? Przecież łatwo wymyślić sobie jakąś pracę, zawsze jest coś do zrobienia. Trzeba wymienić żarówki, sprzątnąć suche liście, uporządkować książki, przejrzeć twardy dysk w komputerze itd. A gdyby tak stawić czoło całkowitej pustce?

Wkładam czapkę, ciepłe ubranie, nieprzemakalną kurtkę i wychodzę do ogrodu. W takim stroju będę mógł wytrzymać na dworze przynajmniej pięć godzin. Siadam na mokrej trawie i zaczynam wyliczać myśli, które przychodzą mi do głowy:

a) Jestem darmozjadem. Wszyscy są czymś zajęci, ciężko pracują.

Odpowiedź: Ja też ciężko pracuję, czasem po dwanaście godzin dziennie. Akurat dziś nie mam nic do roboty.

b) Nie mam przyjaciół. Jestem sam, jestem jednym z najbardziej znanych pisarzy na świecie, a mój telefon nie dzwoni.

Odpowiedź: Oczywiście, że mam przyjaciół, którzy szanują moją potrzebę izolowania się od świata w starym wiatraku, we francuskim miasteczku St. Martin.

c) Muszę iść do sklepu po colę.

Rzeczywiście, przypomniałem sobie, że wczoraj zabrakło coli, może by tak wsiąść do samochodu i pojechać do najbliższego miasteczka? Ostatnia myśl mnie zastanowiła. Dlaczego tak trudno wysiedzieć bez żadnego zajęcia?

Przychodzą mi do głowy najróżniejsze myśli: przyjaciele zamartwiający się na zapas; znajomi, którzy potrafią zapełnić każdą minutę swego życia sprawami dla mnie absurdalnymi: bezsensownymi rozmowami, telefonami, mimo że nie stało się nic ważnego; szefowie, którzy wymyślają sobie zajęcie po to, by usprawiedliwić istnienie swego stanowiska; pracownicy żyjący w strachu, ponieważ nie otrzymali tego dnia nic ważnego do zrobienia, co może oznaczać, że są niepotrzebni; matki przeżywające katusze, gdy ich dzieci wychodzą z domu; studenci, którzy zadręczają się nauką, kolokwiami, egzaminami.

Toczę ze sobą długą i ciężką walkę, by nie wstać i nie pójść do kiosku po colę, której akurat zabrakło. Ogarnia mnie straszliwa rozpacz, ale uparłem się, że tu zostanę i przez najbliższych kilka godzin nic nie będę robić. Po jakimś czasie niepokój ustępuje. Koncentruję się i zaczynam wsłuchiwać się w głos mojej duszy. Tak bardzo chce ze mną rozmawiać, a ja jestem wciąż zajęty.

Wiatr mocno wieje, wiem, że jest zimno, że pada i że jutro muszę kupić colę. Nie robiąc nic, robię najważniejszą rzecz na świecie: słucham tego, co miałem sobie do powiedzenia.

Człowiek na chodniku

Pierwszego lipca 1997 roku o 13.05 na deptaku przy Copacabanie leżał człowiek. Wyglądał na mniej więcej pięćdziesiąt lat. Minąłem go, rzuciwszy szybkie spojrzenie, i poszedłem dalej, do baru, gdzie zwykle zamawiam kokosowy napój.

Jako typowy *carioca**, setki (tysiące?) razy przechodziłem obok mężczyzn, kobiet i dzieci leżących na chodniku. Wiele podróżuję i widziałem takie sceny we wszystkich krajach świata – od bogatej Szwecji po biedną Rumunię. Widziałem ludzi leżących na ziemi o każdej porze roku: podczas mroźnej zimy w Madrycie, w Nowym Jorku, w Paryżu, gdzie bezdomni siadają blisko ogrzanego powietrza wydobywającego się z tunelu metra. Pod palącym słoń-

---

* *Carioca* – mieszkaniec Rio de Janeiro (przyp. tłum.).

cem Libanu, między budynkami zniszczonymi wieloletnią wojną. Ludzie leżą na chodniku, pijani, bezdomni, zmęczeni – dla nikogo nie jest to żadna nowina.

W barze szybko wypiłem kokosowy napój. Spieszyłem się, gdyż byłem umówiony na wywiad z Juanem Ariasem, hiszpańskim dziennikarzem „El País". Wracając, zauważyłem, że człowiek nadal leży w tym samym miejscu, w pełnym słońcu, a przechodnie reagują tak jak ja – rzucają przelotne spojrzenie i idą dalej.

Choć sam jeszcze o tym nie wiedziałem, czułem się zmęczony ciągłym patrzeniem na takie sceny. Coś silniejszego ode mnie kazało mi przyklęknąć i spróbować podnieść tego człowieka z ziemi. Nie reagował. Odwróciłem jego głowę, z tyłu zauważyłem krew. I co teraz? Czy to poważna rana? Wytarłem ją skrajem podkoszulka. Nie wyglądała groźnie.

W tej samej chwili człowiek zaczął mamrotać pod nosem, coś jakby: „Powiedzcie im, żeby mnie nie bili". Na szczęście żyje, teraz trzeba go zabrać ze słońca i wezwać policję.

Zatrzymałem pierwszego idącego mężczyznę i poprosiłem, żeby pomógł mi przenieść człowieka do cienia. Był w garniturze, miał teczkę, jakieś pakunki, ale rzucił wszystko i pomógł mi – widocznie on też miał dosyć oglądania takich scen.

Ułożyliśmy mężczyznę w cieniu. Poszedłem w kierunku swojego domu. Wiedziałem, że po drodze znajduje się posterunek policji, gdzie będę mógł poprosić o pomoc. Idąc tam, natknąłem się na dwóch policjantów.

– Znalazłem pobitego człowieka, leży przed budynkiem – i tu podaję numer. – To niedaleko plaży. Trzeba wezwać karetkę.

Policjanci obiecali, że się nim zajmą. No dobrze, wypełniłem swój obowiązek. Czujny jak harcerz. Jeden dobry uczynek w ciągu dnia zaliczony! Teraz problemem zajmie się ktoś inny i weźmie za to pełną odpowiedzialność. A za kilka minut zjawi się u mnie hiszpański dziennikarz.

Nie zdążyłem zrobić dziesięciu kroków, gdy drogę zastąpił mi jakiś obcokrajowiec. Łamaną portugalszczyzną powiedział:

– Już mówiłem policjantom o tym człowieku na chodniku. Powiedzieli, że jeśli nie jest złodziejem, to nie ich sprawa.

Nie czekałem, aż skończy. Dogoniłem policjantów. Byłem przekonany, że mnie rozpoznają, wiedzą, że piszę do gazety i występuję w telewizji. Miałem fałszywe poczucie, że sukces w pewnych sytuacjach może pomóc.

– Czy pan jest urzędnikiem? – spytał jeden z nich, wyczuwając moją pewność siebie.

– Nie. Ale chciałbym, żeby panowie zajęli się tą sprawą od razu.

Byłem niechlujnie ubrany, miałem poplamiony krwią podkoszulek i przepocone bermudy, zrobione ze starych obciętych dżinsów. Byłem zwyczajnym szeregowym obywatelem, nie stał za mną żaden urząd, miałem za to dosyć oglądania przez całe życie ludzi leżących na chodniku, dosyć bezczynności.

Nagle wszystko się zmieniło. Przychodzą czasem takie chwile, gdy znikają wszelkie opory i strach. Oczy nabierają innego wyrazu, a ludzie rozumieją, że jesteśmy śmiertelnie poważni. Policjanci poszli ze mną i wezwali karetkę.

Po powrocie do domu postanowiłem zapamiętać trzy ważne rzeczy, których nauczyłem się podczas tego spaceru: a) romantyczne wyobrażenia zbyt rzadko przeradzają się w czyn, ale b) zawsze znajdzie się ktoś, kto powie: „Skończ to, co zacząłeś", i wreszcie c) każdy z nas ma władzę, gdy jest całkowicie przekonany o słuszności tego, co robi.

Brakujący fragment

Podczas podróży otrzymałem faks od sekretarki.

„Przy remoncie kuchni zabrakło jednego luksfera – pisała. – Przesyłam oryginalny projekt oraz rysunek, który rozwiązuje problem brakującego fragmentu".

Z jednej strony był rysunek zrobiony przez moją żonę: harmonijnie ułożone rzędy luksferów z kilkoma otworami na wentylację. Z drugiej strony projekt, który miał rozwiązać problem brakującej części: prawdziwa łamigłówka, w której szklane fragmenty przeplatały się bez składu i ładu.

„Kupcie brakujący luksfer" – napisała żona. Tak też zrobili, dzięki czemu zrealizowano pierwotny projekt.

Wieczorem zacząłem zastanawiać się nad tym, co zaszło. Ileż to razy z powodu jednego brakującego fragmentu niszczymy początkowy plan dotyczący całego naszego życia!

Raj opowiada mi pewną historię

Wdowa mieszkająca w biednej bengalskiej wiosce nie miała pieniędzy, by płacić za przejazdy autobusowe syna, który właśnie zdał do szkoły średniej. Chłopiec musiał sam chodzić na zajęcia przez las. Aby dodać mu otuchy, powiedziała:

– Synu, nie bój się. Proś boga Krisznę, by towarzyszył ci podczas drogi. Na pewno wysłucha twojej prośby.

Chłopiec postąpił zgodnie z radą matki. Zjawił się Kriszna i codziennie prowadził go do szkoły przez las.

Kiedy nadszedł dzień urodzin nauczyciela, chłopiec poprosił matkę o pieniądze na prezent dla niego.

– Nie mamy pieniędzy, synku. Poproś Krisznę, żeby ci pomógł.

Następnego dnia zwierzył się Krisznie ze swoich kłopotów. Ten dał mu słoik mleka.

Uszczęśliwiony chłopiec wręczył nauczycielowi

w prezencie słoik z mlekiem. Jednak podarunki od innych dzieci były o wiele piękniejsze i mistrz nie zwrócił uwagi na słoik z mlekiem.

– Zanieś go do kuchni – powiedział do służącego.

Ten zrobił, jak mu kazano. Kiedy jednak próbował wylać mleko ze słoja, okazało się, że naczynie ponownie się napełnia. Niezwłocznie powiadomił o tym nauczyciela.

– Skąd masz ten słoik i co to za sztuczka z mlekiem? – zapytał chłopca.

– Dostałem go od Kriszny, boga z lasu.

Mistrz, służący i uczniowie wybuchnęli śmiechem.

– W lesie nie ma bogów, to jakiś przesąd! – powiedział mistrz. – Jeśli istnieje, chodźmy do lasu go zobaczyć!

I poszli. Chłopiec wołał Krisznę, ale ten się nie pojawił.

Zrozpaczony, spróbował po raz ostatni:

– Bracie Kriszna, mój mistrz chce cię poznać. Proszę, ukaż się!

W tej samej chwili spośród drzew odezwał się głos i rozszedł się echem po całej okolicy:

– Synu, jakże on chce mnie poznać, skoro we mnie nie wierzy?

Druga strona wieży Babel

Spędziłem cały ranek, tłumacząc, że nie interesują mnie muzea i kościoły, ale ludzie mieszkający w danym kraju. Dlatego uznałem, że lepiej byłoby pójść na targ. Jednak oni nalegają, mamy wolny dzień, targ jest zamknięty.

– Dokąd idziemy?

– Do kościoła.

Wiedziałem.

– Dziś czcimy świętego, który jest dla nas bardzo ważny, dla pana pewnie też. Pojedziemy zobaczyć jego grób. Proszę nie zadawać pytań, my też czasem potrafimy sprawić pisarzowi miłą niespodziankę.

– Jak długo będziemy jechać?

– Dwadzieścia minut.

Dwadzieścia minut. Jak zwykle do głowy przychodzi jedna myśl: wiadomo, podróż potrwa o wiele dłużej niż dwadzieścia minut. Jednak do tej pory we wszystkim dotrzymali słowa, powinienem raz ustąpić.

Jestem w Erewaniu w Armenii. Jest niedzielny poranek. Idę zrezygnowany do samochodu. W oddali widzę ośnieżoną górę Ararat. Podziwiam widoki. Wolałbym pospacerować zamiast siedzieć zamknięty w metalowym pudle. Moi gospodarze starają się być mili, ale ja jestem rozkojarzony, z rezygnacją akceptuję „specjalny program turystyczny". Dają za wygraną i dalej jedziemy w milczeniu.

Po pięćdziesięciu minutach (wiedziałem!) przyjeżdżamy do małego miasteczka i idziemy do kościoła po brzegi wypełnionego ludźmi. Widzę, że wszyscy są w garniturach, pod krawatem, uroczystość musi być zatem wielka. Czuję się niezręcznie, ponieważ mam na sobie zwykłą dżinsową kurtkę. Wychodzę z samochodu, czekają na mnie ludzie ze Związku Pisarzy. Dostaję kwiaty, prowadzą mnie przez tłum uczestniczący we mszy świętej. Idziemy na dół schodami z tyłu ołtarza i nagle widzę przed sobą grób. Domyślam się, że tu spoczywa święty. Zanim jednak złożę kwiaty, chcę wiedzieć, na czyją to cześć.

– To Święty Tłumacz – słyszę odpowiedź.

Święty Tłumacz! Mam łzy w oczach.

Dziś jest 9 października 2004 roku, miasteczko nazywa się Oszakan, a Armenia, o ile wiem, jest jedynym krajem na świecie, który ustanowił święto narodowe ku czci Świętego Tłumacza Mesropa*. Dzień ten obchodzi się w wielkim stylu. Święty stworzył alfabet ormiański (język nadal istnieje, lecz jedynie w formie mówionej), poświęcił życie, tłumacząc na język ojczysty najważniejsze teksty tamtych czasów, pisane po grecku, persku, cyrylicą. Wraz ze swymi uczniami podjął się wielkiego dzieła przełożenia Biblii oraz współczesnych sobie klasyków literatury. Wtedy to kraj uzyskał swoją tożsamość kulturową, która przetrwała do dziś.

Święty Tłumacz. Trzymam w ręku kwiaty i myślę o wszystkich ludziach, których nigdy nie spotkałem i prawdopodobnie nigdy nie zobaczę, o wszystkich, którzy w tej chwili mają w ręku moje książki, starając się jak najwierniej oddać to, co chciałem przekazać czytelnikom. Przede wszystkim myślę o moim teściu Christianie Monteiro Oiticice. Jego zawód: tłumacz. Dziś pewnie w towarzystwie aniołów i świętego Mesropa przygląda się tej scenie. Pamiętam go, jak ślęczał nad maszyną do pisania, narzekał na źle płatną pracę (co, niestety, do dziś jest prawdą). Potem jednak dodawał, że prawdziwym

* Mesrop Masztoc (ok. 361–ok. 440), teolog, mnich; twórca alfabetu ormiańskiego, uważany za ojca literatury ormiańskiej. Organizator szkolnictwa, założyciel szkoły tłumaczy; współautor przekładu na język ormiański Biblii oraz dzieł greckich i syryjskich klasyków literatury religijnej; pozostawił zbiór kazań – za *Nową encyklopedią powszechną PWN*, 1998 (przyp. red.).

powodem uprawiania tego zawodu jest radość płynąca z możliwości przekazywania ludziom obcej myśli, co bez pomocy tłumacza byłoby niemożliwe.

Modlę się w ciszy za teścia, za wszystkich, którzy pracują nad moimi książkami, za ludzi, którzy pozwolili mi przeczytać książki bez ich pomocy niedostępne. W sposób zupełnie anonimowy pomogli mi ukształtować życie i uformować charakter. Wychodząc z kościoła, widzę dzieci piszące alfabet, widzę na straganie ciastka w kształcie liter i kwiaty, wszędzie kwiaty.

Kiedy człowiek okazał pychę, Bóg nie dopuścił do ukończenia wieży Babel i pomieszał ludziom języki. Jednak w swej nieskończonej dobroci stworzył także pewien rodzaj ludzi, którzy odbudowują zniszczone mosty, czyniąc możliwymi rozmowę i szerzenie myśli. Mężczyźni (i kobiety), których nazwisk nie staramy się nawet zapamiętać, gdy otwieramy książkę obcego autora: tłumacze.

Przed konferencją

Podczas zjazdu księgarzy amerykańskich razem z chińską pisarką czekaliśmy na nasze wystąpienie. W pewnej chwili zdenerwowana Chinka zauważyła:

– Publiczne wystąpienia są takie trudne, a co dopiero opowiadać o swojej książce w obcym języku!

Poprosiłem ją, żeby tak nie mówiła, bo sam zacznę się denerwować, w końcu byliśmy w podobnej sytuacji. Na to ona odwróciła się, spojrzała za siebie, po czym z uśmiechem szepnęła do mnie:

– Wszystko będzie dobrze, nie ma obawy. Nie jesteśmy sami, niech pan spojrzy na plakietkę, którą ma ta pani za nami, i przeczyta nazwę księgarni.

Na plakietce widniał napis: Księgarnia Zjednoczonych Aniołów. Obojgu nam udało się wspaniale opowiedzieć o naszych książkach, bo otrzymaliśmy anielski znak, na który tak czekaliśmy.

O elegancji

Czasem przyłapuję się na garbieniu i wtedy wiem, że coś jest nie tak. Jednak zanim zastanowię się nad przyczyną swej postawy, staram się wyprostować. Czuję się wtedy bardziej elegancki. Kiedy prostuję plecy, widzę, że ten nieskomplikowany gest pozwala mi zyskać większą pewność siebie.

Elegancję uznaje się zazwyczaj za coś powierzchownego, za modę, postawę pozbawioną głębszej refleksji. To duży błąd, człowiek powinien mieć elegancję zarówno w ruchach, jak i w postawie. Słowo to oznacza dobry gust, przyjazną powierzchowność, równowagę, harmonię.

Aby zrobić ważny krok w życiu, potrzebne są spokój i elegancja. Oczywiście, nie można popadać w przesadę i myśleć wciąż o tym, jak poruszamy rękami, jak siadamy, uśmiechamy się, rozglądamy wokół. Jednak dobrze jest mieć świadomość, że nasze ciało mówi określonym językiem, a druga osoba, nawet nieświadomie, rozumie nasz przekaz, niezależny od słów.

Spokój wypływa z serca. Choć często dręczy je niepewność, wie, że przez odpowiednią postawę ciała może odnaleźć spokój. Elegancja w znaczeniu fizycznym, o której piszę w tym felietonie, wypływa z wnętrza i nie ma nic wspólnego z powierzchownością. To sposób, w jaki człowiek stara się pokazać światu, jak stąpa po ziemi. Dlatego jeśli kiedyś poczujesz, że taka postawa ci przeszkadza, nie myśl, że jest zła lub sztuczna. Jest prawdziwa właśnie dlatego, że sprawia ci trudność. Jednak dzięki temu droga przez życie staje się drogą pielgrzyma.

I proszę, nie myl jej z arogancją czy snobizmem. Elegancja to postawa, która pozwala uczynić gest doskonałym, krok prężnym, która każe szanować bliźniego.

Elegancja polega na pozbyciu się niepotrzebnych gestów. Człowiek odkrywa prostotę i siłę płynącą z koncentracji; im bardziej prosta i surowa postawa, tym jest piękniejsza.

Śnieg jest piękny, bo ma jeden kolor, morze zachwyca, gdyż stanowi jednolitą płaszczyznę. Zarówno śnieg, jak i morze oczarowują swoją prostotą.

Stąpaj po ziemi pewnie i radośnie, nie bój się potknięć. Masz sprzymierzeńców, którzy pomogą ci, jeśli będzie to konieczne. Pamiętaj jednak, że przeciwnik także cię obserwuje i wychwyci różnicę między uściskiem pewnym i drżącym. Dlatego gdy czujesz się spięty, odetchnij głęboko, uwierz, że możesz być spokojny. Wtedy dzieje się cud, którego nie umiemy wyjaśnić, powraca równowaga.

Kiedy podejmujesz i wprowadzasz w życie decyzję, spróbuj przypomnieć sobie wszystkie etapy, które doprowadziły do tego kroku. Rób to jednak bez napięcia, gdyż trudno mieć wszystkie reguły w głowie. Mając jasny umysł, przyglądając się po kolei każdemu z etapów, zrozumiesz, które momenty były najtrudniejsze i jak sobie z nimi poradziłeś. To wszystko znajdzie odzwierciedlenie w twej postawie, dlatego miej się na baczności!

Podobnie jest ze strzelaniem z łuku. Często łucznicy skarżą się, że mimo wielu lat ćwiczeń czują łomotanie serca, trzęsą im się ręce i źle celują. Sztuka strzelania ma to do siebie, że obnaża błędy.

Jeśli któregoś dnia stracisz zapał do życia, będziesz strzelał niepewnie i bez gracji. Zobaczysz, że nie masz siły naciągnąć cięciwy, nie jesteś w stanie w należyty sposób wygiąć łuku.

Jeśli zauważysz, że rano tracisz pewność strzału, zastanów się, co spowodowało brak precyzji. Dzięki temu stawisz czoło gnębiącym cię problemom, które do tej pory pozostawały w ukryciu.

Masz problem, ponieważ brakuje ci sprężystości i elegancji. Skoryguj postawę, wyprostuj się, stań wobec świata z podniesioną głową. Dbając o ciało, dbasz o swoją duszę, jedno pomaga drugiemu.

Nhá Chica z Baependi

Czym jest cud?

Definicji jest wiele: to coś, co dzieje się wbrew naturze, przełom w głębokim kryzysie duchowym, coś, co nie daje się wyjaśnić naukowo.

Ja mam własną definicję: cudem jest to, co przepełnia nasze serca spokojem. Czasem objawia się nagłym ozdrowieniem, spełnieniem marzenia, wszystko jedno – skutek jest taki, że gdy zdarzy się cud, czujemy ogromną wdzięczność wobec Boga, który nam go zesłał.

Dwadzieścia kilka lat temu, kiedy przechodziłem hippisowski okres w życiu, siostra poprosiła mnie, żebym został ojcem chrzestnym jej pierworodnej córki. Byłem zachwycony zaproszeniem, zadowolony, że nie kazała mi ściąć włosów (sięgały mi niemal do pasa), w dodatku nie oczekiwała, że kupię chrześnicy drogi prezent (i tak nie miałbym za co).

Córka przyszła na świat, minął rok, a o chrzcinach jakoś nie było słychać. Uznałem, że siostra zmieniła zdanie. Poszedłem do niej i spytałem, co się stało, a ona odparła: „Będziesz ojcem chrzestnym. Tak się jednak składa, że chcę ochrzcić dziecko w Baependi, bo otrzymałam od Nhá Chiki* wielką łaskę i złożyłam jej pewną obietnicę".

Nie wiedziałem, gdzie znajduje się Baependi, i nie słyszałem nic o Nhá Chice. Mój hippisowski okres dobiegł końca, zostałem szefem wytwórni płytowej, mojej siostrze urodziła się druga córka, ale o chrzcinach nie było mowy. Wreszcie w 1978 roku podjęto decyzję i obie rodziny, mojej siostry oraz jej byłego męża, pojechały do Baependi. Tam poznałem historię Nhá Chiki, która nie miała pieniędzy na utrzymanie, ale przez trzydzieści lat zbierała fundusze na budowę kościoła i pomagała biednym.

Przechodziłem wtedy burzliwy okres w życiu, przestałem wierzyć w Boga, zwątpiłem, że duchowe poszukiwania mają jakikolwiek sens. Liczyło się tylko tu i teraz oraz korzyści, jakie mogłem z tego wyciągnąć. Zrezygnowałem z szalonych młodzieńczych marzeń, także z pisania, i pozbyłem się wszelkich złudzeń. Zgodziłem się przyjść do kościoła je-

---

* Nhá Chica, właśc. Francisca de Paula (1810–1895), żyła i pracowała w Baependi, w stanie Minas Gerais, opiekowała się biednymi i potrzebującymi, zwana matką biednych. W 1995 roku rozpoczął się jej proces beatyfikacyjny. Od jej śmierci Baependi stało się celem pielgrzymek (przyp. tłum.).

dynie z poczucia obowiązku wobec rodziny. Przed chrztem poszedłem na spacer po okolicy i koło kościoła natknąłem się na skromny dom Nhá Chiki. Dwa pomieszczenia, ołtarzyk z obrazkami świętych i wazon z dwiema różami czerwonymi i jedną białą.

Pod wpływem jakiegoś impulsu, wbrew swoim ówczesnym przekonaniom, zacząłem prosić w duchu: „Jeśli uda mi się zostać pisarzem, o czym kiedyś marzyłem i zapomniałem, wrócę tu na swoje pięćdziesiąte urodziny z dwiema czerwonymi różami i jedną białą".

Kupiłem obrazek z Nhá Chicą na pamiątkę chrztu siostrzenicy. Gdy wracałem do Rio, wydarzyła się katastrofa. Jadący przede mną autobus nagle zahamował. W ułamku sekundy skręciłem w bok. Uniknąłem zderzenia, ale samochód jadący za nami nie miał tyle szczęścia. Nastąpił wybuch, zginęli ludzie. Stanąłem na poboczu, nie wiedząc, co robić. Szukam w kieszeni papierosa i znajduję portret Nhá Chiki, która otoczyła mnie opieką.

Tego dnia zaczął się mój powrót do marzeń, duchowych poszukiwań, do literatury. Pewnego dnia znów wkroczyłem na drogę Dobrej Wojny – tej, którą toczymy z pokojem w sercu, tej, która rodzi się z cudu. Nie zapomniałem o trzech różach. Szybko nadeszły moje pięćdziesiąte urodziny, prawdę mówiąc: szybciej, niż się spodziewałem.

Minął dzień moich urodzin. Podczas mistrzostw świata w piłce nożnej pojechałem do Baependi spełnić obietnicę. W mieścinie Caxambú (gdzie nocowałem) ktoś mnie rozpoznał i wkrótce zjawił się dziennikarz, żeby zrobić ze mną wywiad. Powiedziałem mu, po co przyjechałem.

– Niech pan opowie o Nhá Chice – poprosił. – Jej ciało zostało ekshumowane, w Watykanie toczy się proces beatyfikacyjny. Ludzie powinni dawać świadectwo.

– Nie – powiedziałem. – To bardzo osobista sprawa. Mógłbym o tym powiedzieć tylko wtedy, gdybym otrzymał jakiś znak.

Jednocześnie pomyślałem sobie: „Ciekawe, jaki miałby to być znak? Może gdyby ktoś przemówił w jej imieniu?".

Następnego dnia kupiłem kwiaty i pojechałem do Baependi. Zatrzymałem się w pewnej odległości od kościoła, pomyślałem o sobie sprzed lat, czyli o tamtym szefie wytwórni płytowej, oraz o wszystkim, co zdarzyło mi się po drodze, doprowadzając mnie znów do tego miejsca. Kiedy zamierzałem wejść do domu Nhá Chiki, ze sklepiku z pamiątkami wyszła młoda kobieta.

– Widziałam, że książkę *Maktub* zadedykował pan Nhá Chice – powiedziała. – Jestem pewna, że się ucieszyła.

I tyle, o nic mnie nie poprosiła. Był to znak, na który czekałem, a ten tekst jest moim publicznie złożonym świadectwem.

Odbudowa domu

Pewien mój znajomy nie potrafił dopasować swych marzeń do rzeczywistości i przez to wpadł w poważne kłopoty finansowe. Co gorsza, niechcący zaszkodził innym osobom, wciągając je w swoje sprawy.

Nie mógł spłacić nagromadzonych długów, zaczął myśleć o samobójstwie. Któregoś dnia szedł ulicą i zobaczył zdewastowany dom. „Ten dom to ja" – pomyślał. W tej samej niemal chwili poczuł, że musi go odbudować.

Odnalazł właściciela i obiecał wyremontować dom. Propozycja została przyjęta, choć właściciel domu nie rozumiał, jakie korzyści będzie miał z tego mój przyjaciel. Razem szukali cegieł, drewna, cementu. Znajomy pracował z wielkim oddaniem, chociaż nie wiedział, dlaczego to robi i dla kogo. Jednak wraz z postępem prac czuł, że jego życie zaczyna zmieniać się na lepsze.

Po roku dom był gotowy, a jego problemy osobiste rozwiązane.

Moja zapomniana modlitwa

Trzy tygodnie temu szedłem ulicą São Paulo i spotkałem Edinha, mojego starego znajomego, który wręczył mi broszurkę zatytułowaną *Instante Sagrado**. Wydrukowana w czterech kolorach, na świetnym papierze, nie głosiła nauki żadnego kościoła, żadnej religii, była to zwyczajna modlitwa.

Jakież jednak było moje zdziwienie, gdy zobaczyłem nazwisko jej autora – MOJE nazwisko! Została opublikowana na początku lat osiemdziesiątych na obwolucie tomiku poezji. Nie przypuszczałem, że wytrzyma próbę czasu i że wróci do moich rąk w tak dziwny sposób. Jednak kiedy ją znów przeczytałem, uznałem, że nie mam się czego wstydzić.

---

* Święta chwila (przyp. red.).

Ponieważ jestem jej autorem i wierzę w znaki, postanowiłem ją przytoczyć w całości. Mam nadzieję, że skłoni was, drodzy czytelnicy, do napisania własnej modlitwy, w której według swego uznania poprosicie o łaski dla siebie i innych. W ten sposób wprawiamy nasze serca w pozytywne wibracje, którymi możemy zarazić wszystko, co nas otacza.

A oto modlitwa:

Panie Boże, chroń nasze wątpliwości, bo zwątpienie jest rodzajem modlitwy. To ono pozwala nam dorastać, zmusza, byśmy bez strachu szukali różnych odpowiedzi na to samo pytanie. By tak się stało,

Panie, chroń nasze postanowienia, bo postanowienie jest rodzajem modlitwy. Daj nam odwagę, byśmy rozumiejąc nasze wątpliwości, umieli wybrać odpowiednią drogę. Aby nasze TAK zawsze znaczyło TAK, a nasze NIE zawsze oznaczało NIE. Byśmy, obrawszy daną drogę, nigdy nie patrzyli wstecz oraz by nasza dusza nie dała się zniszczyć poczuciu winy. By tak się stało,

Panie, chroń nasze działania, bo działanie jest rodzajem modlitwy. Spraw, by nasz chleb codzienny stał się najlepszym owocem tego, co nosimy w sobie. Byśmy mogli przez pracę i działanie podzielić się choć odrobiną miłości, którą otrzymujemy. By tak się stało,

Panie, chroń nasze marzenia, bo marzenie jest rodzajem modlitwy. Spraw, byśmy niezależnie od wieku i okoliczności potrafili podtrzymać w sercu święty płomień nadziei i wytrwałości. By tak się stało,

Panie, podtrzymuj w nas zapał, bo zapał jest rodzajem modlitwy. To on wiąże nas z niebem i ziemią, z dorosłym i z dzieckiem, pokazując, jak ważna jest pasja, i że warto się jej poświęcać. By tak się stało,

Panie, chroń nas, bo życie jest jedynym sposobem, byśmy mogli zaświadczyć o Twym cudzie. Że ziemia wciąż zmienia ziarno w mąkę, a my przemieniamy mąkę w chleb. A to możliwe jest tylko dzięki miłości. Dlatego nigdy nas nie opuszczaj. Bądź zawsze blisko i daj nam szansę przebywać z ludźmi wątpiącymi, którzy działają, mają marzenia, zapał i żyją, poświęcając każdy nowy dzień Twej chwale.

Amen.

Copacabana, Rio de Janeiro

Wraz z moją żoną spotkaliśmy ją na rogu ulicy Constante Ramos. Miała może sześćdziesiąt lat, siedziała na wózku inwalidzkim, zagubiona w tłumie przechodniów. Żona zaofiarowała jej pomoc. Zgodziła się i poprosiła, żebyśmy ją zawieźli na ulicę Santa Clara.

Do wózka miała przywiązane plastikowe torby. W drodze powiedziała nam, że trzyma w nich wszystkie swoje rzeczy, śpi pod markizami i żyje z ludzkiej hojności.

Dojechaliśmy pod wskazany adres. Czekali tam inni żebracy. Kobieta wyciągnęła z plastikowej torby dwa opakowania pasteryzowanego mleka i poczęstowała ich.

– Ludzie są hojni wobec mnie, więc muszę być dobra dla innych – wyjaśniła.

Przeżyć swoją własną historię

Przypuszczam, że każdą stronę tej książki można przeczytać w trzy minuty. Zgodnie ze statystyką w tym czasie na świecie umrze 300 osób, a urodzi się 620.

Napisanie jednej strony zajmuje mi mniej więcej pół godziny: wpatruję się w komputer, obłożony jestem książkami, w głowie mam mnóstwo pomysłów, za oknem przejeżdżają samochody. Wszystko wokół zdaje się toczyć zwykłym trybem, a jednak w przeciągu trzydziestu minut umrze 3000 osób, a 6200 po raz pierwszy ujrzy światło dnia.

Gdzie są teraz tysiące rodzin, które właśnie opłakują odejście kogoś bliskiego lub cieszą się z powodu narodzin syna, wnuka, brata?

Przerywam pisanie i zaczynam się zastanawiać. Być może wielu umierających przeszło długą i bolesną chorobę, odchodzą z ulgą, prowadzeni przez anioła, który przyszedł ich zabrać. Jednak, co najważniejsze, a do tego niestety pewne, setki nowo narodzonych dzieci za chwilę zostaną porzucone i wzbogacą statystykę umieralności, nim skończę pisać ten tekst.

Dziwne, zwykłe liczby, na które zerknąłem przez przypadek, i nagle zaczynam wyobrażać sobie te pożegnania i powitania, te uśmiechy i łzy. Iluż ludzi odchodzi w samotności, w swoich pokojach, podczas gdy obok nikt nie zdaje sobie sprawy z tego, co się dzieje! Ile dzieci rodzi się gdzieś w ukryciu, by po chwili znaleźć się pod drzwiami sierocińca lub klasztoru!

Przychodzi mi do głowy myśl: zostałem zaliczony do statystyki żywych, ale któregoś dnia powiększę liczbę umarłych. Jak to dobrze mieć pełną świadomość tego, że kiedyś się umrze! Odkąd przeszedłem drogę do Santiago, rozumiem, że choć życie po śmierci trwa, choć jesteśmy nieśmiertelni, ziemska egzystencja kiedyś się skończy.

Ludzie za mało myślą o śmierci. Przechodzą przez życie, zaprzątając sobie głowę prawdziwymi głupstwami, wszystko odkładają, nie zwracając uwagi na kluczowe momenty. Nie ryzykują, gdyż uznają to za zbyt niebezpieczne. Ciągle narzekają, ale potrafią stchórzyć, gdy tylko uśmiechnie się do nich los. Chcą, żeby wszystko wokół się zmieniło, ale sami nie mają ochoty się zmienić.

Gdyby częściej myśleli o śmierci, nie odkładaliby w nieskończoność ważnego telefonu. Byliby bardziej szaleni. Nie baliby się, że kiedyś skończy się ich ziemskie życie, bo przecież nie można się bać czegoś, co i tak nastąpi.

Indianie mawiają: „Dziś czy jutro, każdy dzień jest dobry, by odejść z tego świata". A pewien czarownik powiedział: „Niech śmierć zawsze będzie z tobą. Kiedy będziesz musiał zrobić coś ważnego, ona da ci siłę i odwagę".

Mam nadzieję, drogi czytelniku, że przeczytałeś do końca ten artykuł. Byłoby to niepoważne, gdybyś przestraszył się tytułu, bo przecież wszyscy, prędzej czy później, umrzemy. Tylko ten, kto pogodzi się ze śmiercią, jest gotowy żyć.

O roli kota w medytacji

Po napisaniu książki o szaleństwie *Weronika postanawia umrzeć* zacząłem zastanawiać się nad tym, ile rzeczy robimy z konieczności, a ile z powodów czysto absurdalnych. Dlaczego nosimy krawat? Dlaczego zegar chodzi „zgodnie z kierunkiem wskazówek"? Skoro działamy w systemie dziesiętnym, to dlaczego doba ma dwadzieścia cztery godziny, a w każdej godzinie jest sześćdziesiąt minut?

Faktem jest, że wiele zasad, którym się dziś podporządkowujemy, nie ma żadnych podstaw. Jednak gdy próbujemy działać inaczej, nazywają nas wariatami lub osobami niedojrzałymi.

Społeczeństwo tworzy systemy, które z biegiem czasu tracą rację bytu, ale narzucają swoje reguły. Dobrze ilustruje to pewna ciekawa opowieść z Japonii.

Wielki buddyjski mistrz zen, przełożony klasztoru Maju Kagi, miał kota, który był jego oczkiem w głowie. Dlatego podczas lekcji medytacji zawsze trzymał go przy sobie, by w pełni cieszyć się jego towarzystwem.

Pewnego ranka – a trzeba dodać, że mistrz był bardzo stary – znaleziono go martwego. Miejsce po nim zajął najbardziej doświadczony uczeń.

– Co zrobimy z kotem? – zapytali mnisi.

Przez wzgląd na pamięć po zmarłym mistrzu nowy przełożony pozwolił, aby kot był obecny na zajęciach z buddyjskiego zen.

Podróżujący po okolicy mnisi z sąsiednich klasztorów dowiedzieli się, że w jednej z najsłynniejszych świątyń w lekcjach medytacji uczestniczy kot. Wiadomość szybko się rozeszła.

Minęło wiele lat. Kot zdechł, ale uczniom klasztoru tak bardzo go brakowało, że znaleźli sobie innego. Z czasem także w innych świątyniach wprowadzono koty na zajęcia z medytacji. Wiara, że to właśnie one są prawdziwym powodem sławy i wysokiego poziomu nauczania w Maju Kagi, przyćmiła pamięć o starym mistrzu, wspaniałym nauczycielu.

Odeszło stare pokolenie i zaczęły pojawiać się traktaty na temat roli kota w medytacji zen. Pewien profesor uniwersytecki ukuł tezę, która przyjęła się w środowiskach akademickich, że zwierzęta z rodziny kotowatych sprzyjają koncentracji i eliminują negatywną energię.

Tak więc w ciągu jednego stulecia kot został uznany na tym obszarze za najważniejszy element w buddyjskiej medytacji zen.

Wreszcie pojawił się mistrz, który miał alergię na sierść, i zrezygnował z obecności kota podczas zajęć z uczniami.

Spotkał się z niechęcią, ale nie wycofał się. Był świetnym nauczycielem, więc uczniowie osiągali podobne wyniki, pomimo nieobecności kota.

Klasztory, otwarte na nowe idee i zmęczone ciągłym karmieniem kotów, powoli rezygnowały z obecności zwierząt na zajęciach. W ciągu następnych dwudziestu lat pojawiły się nowe, rewolucyjne idee w rodzaju „medytacja bez kota" lub „jak znaleźć równowagę w świecie zen bez pomocy zwierząt, dzięki sile własnego umysłu".

Minął kolejny wiek i na całym obszarze kot został zupełnie wyparty z rytuału medytacji zen. Minęło jednak dwieście lat, by wszystko wróciło do normy, ponieważ przez cały ten czas nikt nie zadał sobie pytania, do czego potrzebny jest kot.

A w naszym życiu, czy mamy odwagę zapytać: dlaczego zachowujemy się w taki, a nie inny sposób? Do jakiego stopnia wykorzystujemy w naszym działaniu bezużyteczne „koty", których nie mamy odwagi wyeliminować, bo powiedziano nam, że „koty" są potrzebne, aby wszystko dobrze funkcjonowało?

Dlaczego w ostatnim roku tysiąclecia nie poszukamy innych możliwości działania?

Nie mogę wejść

Niedaleko miejscowości Olite w Hiszpanii znajdują się ruiny zamku. Postanowiłem je zwiedzić. Kiedy stanąłem przed bramą, drogę zastąpił mi jakiś człowiek.

– Nie może pan tam wejść.

Czuję, że nie pozwala mi wejść ze względu na czystą przyjemność zakazywania. Tłumaczę, że przyjechałem z daleka, próbuję dać mu napiwek, staram się być miły, mówię, że zamek jest przecież w ruinie. I nagle wejście do środka zaczyna być dla mnie bardzo ważne.

– Nie może pan wejść – powtarza człowiek.

Pozostaje tylko jedno: iść naprzód i czekać, aż zagrodzi mi drogę. Idę do bramy. On patrzy za mną i nie rusza się z miejsca.

Kiedy wychodzę z zamku, mijam w przejściu

dwie turystki. Stary człowiek nie próbuje ich zatrzymać. Mam wrażenie, iż mój opór zmusił go do rezygnacji z absurdalnych zakazów. Czasem rzeczywistość zmusza nas do walki o rzeczy, których nie rozumiemy, i z powodów, których nigdy nie odgadniemy.

Statut nowego milenium

1. Każdy człowiek jest inny. I powinien robić wszystko, by takim pozostać.

2. Człowiek może wybrać dwie formy działania: akcję i kontemplację. Obie prowadzą do tego samego celu.

3. Człowiek ma dwie właściwości: siłę i talent. Siła pozwala mu iść na spotkanie losu, talent każe mu dzielić się z innymi ludźmi tym, co ma w sobie najlepszego.

4. Człowiekowi został dany ważny przywilej: możliwość wyboru. Kto nie korzysta z tego przywileju, zamienia go w zło i pozwala innym wybierać za siebie.

5. Każdy ma prawo do dwóch darów: trafiania do celu i błądzenia. W drugim przypadku zawsze

znajdzie się ktoś mądry, kto sprowadzi nas na właściwą drogę.

6. Każdy człowiek ma własną orientację seksualną i prawo, by bez poczucia winy ją realizować, o ile nie zmusza innych, aby mu w tym towarzyszyli.

7. Każdy ma do wypełnienia swoją osobistą historię, która jest powodem jego pojawienia się na tym świecie. Ta historia objawia się przez radość spełniania własnego zadania.

Zastrzeżenie: można na jakiś czas porzucić realizowanie swej historii, o ile się o niej nie zapomni i wróci do niej, gdy tylko to będzie możliwe.

8. Każdy mężczyzna ma w sobie element żeński, a każda kobieta element męski. Trzeba wykorzystywać wewnętrzną dyscyplinę z intuicją, a intuicji używać z obiektywizmem.

9. Każdy człowiek powinien posługiwać się dwoma językami: językiem społecznym i językiem znaków. Pierwszy służy do komunikowania się z innymi. Drugi pozwala zrozumieć przesłanie Boga.

10. Każdy ma prawo szukać szczęścia, a przez szczęście rozumiemy to, co przynosi mu zadowolenie, niekoniecznie to, co zadowala innych.

11. Każdy powinien w sobie podtrzymywać święty płomień szaleństwa. I postępować jak osoba normalna.

12. Za poważne naruszenie zasad uważa się następujące zachowania: brak szacunku dla praw drugiego człowieka, poddanie się strachowi, dręczenie

siebie poczuciem winy, przekonanie, że nie zasługujemy na dobro lub zło, które nas w życiu spotyka, tchórzostwo.

Zastrzeżenie pierwsze: Kochajmy nieprzyjaciół, lecz nie wchodźmy z nimi w układy. Znaleźli się na naszej drodze, byśmy mogli wypróbować nasz miecz. Zasługują na szacunek i walkę.

Zastrzeżenie drugie: Wybierajmy sobie nieprzyjaciół.

13. Wszystkie religie prowadzą do tego samego Boga i wszystkie należy szanować.

Zastrzeżenie: Człowiek, który decyduje się na daną religię, wybiera także sposób zbiorowej adoracji i uczestnictwa w misterium. Jednak tylko on jest odpowiedzialny za swoje czyny w życiu i nie może zrzucać na religię odpowiedzialności za podejmowane decyzje.

14. Niniejszym ogłasza się upadek muru między *sacrum* i *profanum*. Od tej chwili wszystko staje się *sacrum*.

15. To, co dzieje się w teraźniejszości, jest formą zadośćuczynienia przeszłości oraz determinuje przyszłość.

16. Unieważnia się wszelkie postanowienia niezgodne z powyższym.

Budowanie i burzenie

Dostaję zaproszenie do Guncan-Gimy, gdzie znajduje się buddyjska świątynia zen. Kiedy przyjeżdżam, jestem zaskoczony. Przepiękna budowla znajduje się wśród niezmierzonych lasów, na środku wielkiej polany.

Pytam, po co ten teren, i oto co odpowiada mój gospodarz:

– To jest miejsce na następną budowę. Co dwadzieścia lat niszczymy świątynię, którą pan widzi, i obok wznosimy nową. W ten sposób mnisi: cieśle, murarze i architekci mogą ciągle doskonalić swoje umiejętności i w praktyce przekazywać je uczniom. Pokazujemy też, że nic nie trwa wiecznie, gdyż nawet świątynie są nieustannie doskonalone.

Wojownik i wiara

Henry James porównuje doświadczenie życiowe do rozpostartej wokół nas pajęczej sieci, w którą mogą złapać się nie tylko rzeczy potrzebne, ale również fruwający w powietrzu kurz.

To, co nazywamy doświadczeniem, często bywa sumą naszych klęsk. Dlatego patrzymy w przyszłość ze strachem, jak ktoś, kto popełnił wystarczająco dużo głupstw i nie ma odwagi zrobić następnego kroku.

W takiej chwili warto sobie przypomnieć słowa lorda Salisbury: „Jeśli całkowicie zawierzysz medykom, uznasz, że wszystko szkodzi zdrowiu. Gdy uwierzysz teologom, we wszystkim widzieć będziesz grzech. Jeżeli zaś zawierzysz żołnierzom, dojdziesz do wniosku, że nic na świecie nie jest bezpieczne".

Trzeba zaakceptować swoje pragnienia i nie rezygnować z przyjemności podbojów, gdyż są one częścią naszego życia i sprawiają radość tym, którzy w nich uczestniczą. Jednak wojownik światła nigdy nie traci z pola widzenia rzeczy trwałych, nie zrywa więzów, które przetrwały próbę czasu. Umie odróżnić to, co przemijające, od tego, co wieczne.

Przychodzi jednak moment, gdy pragnienia niespodziewanie znikają. Pomimo całej swej mądrości wojownik poddaje się zwątpieniu. Z godziny na godzinę topnieje jego wiara, wszystko dzieje się wbrew marzeniom, pojawiają się niesprawiedliwe i nieoczekiwane tragedie. Wojownik zaczyna wierzyć, że nikt nie słucha jego próśb. Nadal modli się i odprawia religijne rytuały, ale nie potrafi już siebie oszukiwać. Serce nie odpowiada jak dawniej, a słowa zdają się tracić znaczenie.

W takiej chwili jest tylko jedno wyjście: pozostać w wierze. Zanosić prośby, z obowiązku czy ze strachu – wszystko jedno – ale nie ustawać w modlitwie. Być upartym, nawet jeśli wszystko zdaje się bezużyteczne.

Anioł, który stoi na straży twych słów i wnosi radość do twej wiary, poszedł sobie na spacer. Zaraz wróci, ale znajdziesz go tylko wtedy, gdy z własnych ust usłyszysz wołanie lub prośbę.

Pewna historia opowiada o nowicjuszu z klasztoru w Piedrze, który po długich i wyczerpujących porannych modłach spytał opata, czy dzięki modlitwie Bóg jest bliżej ludzi.

– Odpowiem ci pytaniem – rzekł opat. – Czy wszystkie twoje modlitwy sprawią, że jutro wstanie słońce?

– Oczywiście, że nie! Słońce wschodzi, ponieważ podlega prawom natury!

– Oto odpowiedź na twoje pytanie. Bóg jest blisko, niezależnie od naszych modlitw.

Nowicjusz oburzył się.

– Ojcze, chcesz powiedzieć, że nasze modlitwy są bezużyteczne?

– Ależ nie. Jeśli nie wstaniesz rano, nie ujrzysz wschodu słońca. Bóg jest blisko, ale nie zauważysz Jego obecności, jeśli nie będziesz się modlił.

Modlić się i być czujnym – oto hasło wojownika światła. Jeśli ograniczy się do czuwania, zacznie widzieć zjawy tam, gdzie ich nie ma. Kiedy będzie się tylko modlił, nie znajdzie czasu, by wypełnić zadania, których oczekuje świat.

Inna historia, tym razem z *Verba Seniorum*, opowiada o opacie Pastorze, który zwykł zawsze mawiać, że przeor Jan tyle się modli, iż nie musi się już o nic martwić – poskromił wszystkie swoje słabości.

Słowa opata Pastora wkrótce dotarły do jednego z mędrców z klasztoru w Scecie. Ten wezwał po wieczerzy nowicjuszy.

– Słyszeliście, że przeor Jan zwalczył już wszystkie pokusy – powiedział. – Brak walki osłabia duszę. Módlmy się do Pana, by zesłał na przeora Jana wielką pokusę, a jeśli ją pokona, by zesłał jeszcze potężniejszą. A gdy zwalczy i tę pokusę, będziemy się modlić, by nigdy nie powiedział: „Panie, odsuń ode mnie tego demona". Módlmy się, żeby błagał: „Panie, daj mi siłę, bym stawił czoło złu".

W porcie w Miami

– Czasem przyzwyczajamy się do tego, co pokazują w filmach, i zapominamy o prawdziwej historii – zauważył mój przyjaciel, gdy razem obserwowaliśmy port w Miami. – Pamiętasz dziesięcioro przykazań?

– Oczywiście. Mojżesz – czyli Charton Heston – w kluczowej scenie podnosi laskę, morze się rozstępuje i lud żydowski przechodzi przez wielką wodę.

– W Biblii jest inaczej – ciągnął mój przyjaciel. – Tam Bóg rozkazuje Mojżeszowi: „Powiedz synom Izraela, by ruszyli w drogę". Z chwilą gdy zaczynają marsz, Mojżesz podnosi laskę i Morze Czerwone rozstępuje się.

Dopiero odwaga, by ruszyć w drogę, ukazuje nam jej cel.

Idąc za głosem serca

Ojciec Zeca z kościoła Zmartwychwstania w Copacabanie opowiadał, jak kiedyś jechał autobusem i nagle wewnętrzny głos nakazał mu wstać i głosić naukę Chrystusa.

Zeca zaczął rozmawiać z głosem. „Wyśmieją mnie, to nie jest miejsce do wygłaszania kazań" – przekonywał. Jednak coś w środku nalegało, żeby zaczął mówić. „Jestem nieśmiały. Proszę, nie każ mi tego robić" – błagał.

Głos wewnętrzny nie ustępował.

Wtedy ksiądz przypomniał sobie złożoną obietnicę, że będzie posłuszny wszystkim nakazom Chrystusowym. Umierając ze wstydu, wstał i zaczął mówić o Ewangelii. Wszyscy słuchali w milczeniu.

Zaglądał w oczy każdemu pasażerowi i prawie nikt nie odwrócił wzroku. Powiedział to, co czuł, i skończywszy kazanie, usiadł z powrotem.

Do dziś nie wie, jakie miał wypełnić zadanie, ale jest święcie przekonany, że je wypełnił.

O przemijającej chwale

Sic transit gloria mundi. W ten sposób święty Paweł opisuje w jednym z listów los człowieka: tak oto przemija chwała świata. Choć dobrze o tym wiemy, wciąż szukamy uznania dla naszej pracy. Dlaczego? Jeden z największych poetów brazylijskich, Vinícius de Moraes, pisze w słowach piosenki:

Dlatego musimy śpiewać,
Właśnie teraz musimy śpiewać.

W tych wersach kryje się wielkość Viníciusa de Moraes. Podobnie jak Gertruda Stein w wierszu *Róża jest różą, jest różą* mówi po prostu, że trzeba śpiewać. Nie wyjaśnia, nie szuka usprawiedliwień, nie używa metafor. Kiedy ubiegałem się o przyjęcie do Brazylijskiej Akademii Literatury, musiałem uczestniczyć w rytuale poznawania jej członków. Z ust jednego z nich, Josuégo Montella, usłyszałem podobne słowa. „Każdy ma obowiązek pójść drogą, która biegnie przez jego wieś".

Dlaczego? Co takiego znajduje się na tej drodze? Jaka siła każe nam rezygnować z wygody rzeczy znanych i stawić czoło wyzwaniom, mimo że chwała tego świata jest przemijająca?

Myślę, że tą siłą jest poszukiwanie sensu życia.

Przez wiele lat szukałem odpowiedzi na to pytanie w książkach, sztuce, naukach ścisłych, czasem wybierając ścieżki niebezpieczne, czasem wygodne. Odpowiedzi było wiele. Niektóre starczyły mi na lata, inne nie przetrwały jednego dnia rozmyślań. Żadna odpowiedź nie była jednak tak kategoryczna, bym dziś mógł jednoznacznie stwierdzić: oto sens życia.

Teraz wiem, że takiej odpowiedzi nie otrzymamy w naszym obecnym życiu. Dopiero na końcu, gdy staniemy przed Stwórcą, objawią się wszystkie szanse, jakie były nam dane, zarówno te wykorzystane, jak i odrzucone.

O takim spotkaniu ze Stwórcą mówi w kazaniu z 1890 roku pastor Henry Drummond:

„W tej najważniejszej dla człowieka chwili nie padnie pytanie, jak żyłem, ale jak kochałem.

Ostatecznym rozstrzygnięciem tych poszukiwań będzie siła naszej miłości. Bez znaczenia okaże się to, co zrobiliśmy, w co wierzyliśmy, co osiągnęliśmy.

Z tych rzeczy nikt nas nie będzie rozliczał, ale odpowiemy za to, jak kochaliśmy najbliższych. W niepamięć pójdą nasze błędy. Nie zostaniemy osądzeni za popełnione zło, lecz za dobro, którego nie uczyniliśmy. Albowiem trzymać miłość zamkniętą w sobie to postępować wbrew woli Boga; to dowód, że nigdy Go nie poznaliśmy, że kochał nas na próżno".

Chwała tego świata przemija i nie ona nadaje życiu sens – dzieje się to za sprawą naszych wyborów, dokonywanych zgodnie z powołaniem, wiarą w ideały i wolą ich bronienia. Każdy gra główną rolę w swoim życiu i to właśnie anonimowi bohaterowie często pozostawiają najtrwalszy ślad.

Pewna japońska przypowieść opowiada o mnichu, który zachwycony pięknem chińskiej księgi *Tao Te Ching*, postanowił zebrać pieniądze, przetłumaczyć ją i wydać w ojczystym języku. Minęło dziesięć lat, nim uzbierał potrzebną kwotę.

Jednak kraj nawiedziła zaraza i mnich wykorzystał pieniądze, by ulżyć chorym. Kiedy sytuacja się poprawiła, znów zaczął odkładać pieniądze potrzebne na wydanie *Tao*. Minęło kolejnych dziesięć lat i gdy już szykował się do wydania książki, wielka powódź pozbawiła setki ludzi dachu nad głową.

Mnich znowu wydał pieniądze, odbudowując domy ludziom, którzy stracili cały swój dobytek. Upłynęło kolejnych dziesięć lat, nim mnich zebrał pieniądze, i dzięki niemu Japończycy mogą dziś czytać *Tao Te Ching*.

Mądrzy ludzie twierdzą, że mnich dokonał w istocie trzech wydań dzieła: dwóch niewidzialnych i jednego drukiem. Wierzył w swoje ideały, stoczył odważną walkę, zachował wiarę w swój cel, lecz nie stracił z oczu bliźniego. Tak też powinno być z nami. Czasem niewidzialne książki, powstałe z dobroci wobec drugiego człowieka, są równie ważne jak te zalegające w naszych bibliotekach.

O zagrożonej dobroczynności

Jakiś czas temu moja żona pomogła szwajcarskiemu turyście, który poskarżył się jej, że został napadnięty przez kieszonkowców. Kalecząc straszliwie portugalski, z topornym akcentem wytłumaczył jej, że został bez paszportu, pieniędzy i dachu nad głową.

Żona postawiła mu obiad, dała pieniądze na nocleg w hotelu, by mógł w tym czasie skontaktować się z ambasadą, i poszła. Parę dni później jedna z gazet lokalnych w Rio doniosła o wyczynach „szwajcarskiego turysty", który okazał się kolejnym pomysłowym naciągaczem. Udając obcy akcent, wykorzystał naiwność zakochanych w Rio ludzi, którym leży na sercu poprawa złej reputacji miasta – słusznie czy nie – od lat z nim związanej.

Po przeczytaniu tej notatki żona powiedziała krótko:

– I tak nie zniechęci mnie to do pomagania innym.

Jej słowa przypomniały mi pewną opowieść o mędrcu, który przybył do miasta Akbar. Mieszkańcy nie zwracali na niego uwagi, a jego kazania nikogo nie poruszyły. Z czasem stał się wręcz tematem żartów i ironicznych komentarzy.

Pewnego dnia, gdy szedł główną ulicą Akbaru, grupa mężczyzn i kobiet zaczęła obrzucać go wyzwiskami. Zamiast udawać, że niczego nie słyszy, mędrzec podszedł do nich i zaczął im błogosławić.

Ktoś zauważył zdziwiony:

– Czyżbyśmy mieli do czynienia z głuchym? Wykrzykujemy takie straszne rzeczy, a on odpowiada nam pięknymi słowami!

– Każdy może dać drugiemu tylko to, co ma w sobie najlepszego – odpowiedział mędrzec.

Przeprosić czarownice

Trzydziestego pierwszego października 2004 roku, miesiąc przed oficjalnym zniesieniem istniejącego do tej pory feudalnego prawa, w szkockim mieście Prestopans uroczyście oczyszczono z win 81 skazanych kobiet, które w XVI i XVII wieku poniosły śmierć wskutek oskarżenia o czary.

Rzecznik barona Prestoungrange i Dolphinstoun powiedział, że „większość kobiet skazano bez dowodów winy, na podstawie zeznań świadków oskarżenia, którzy zarzekali się, że czuli obecność złych mocy".

Nie warto rozpisywać się o nadużyciach, jakich dopuściła się inkwizycja, o salach tortur i stosach płonących ogniem nienawiści i zemsty. W tej notatce jest coś o wiele bardziej intrygującego.

Miasto i jego baron Prestoungrange i Dolphinstoun „oczyszcza z win" osoby bezprawnie skazane na śmierć. Mamy XXI wiek, a potomkowie prawdziwych złoczyńców, którzy zabili niewinnych ludzi, czują się upoważnieni „przebaczyć".

Tym samym rozpoczyna się nowe polowanie na czarownice. Tym razem rozpalone żelazo zastępują ironiczne komentarze oraz ograniczanie wolności. Osoby posiadające jakiś szczególny dar (zwykle odkrywany przypadkowo) mają czelność mówić o swych umiejętnościach. Traktowane są nieufnie, ograniczane przez własnych rodziców, mężów, żony, którzy nie chcą nic słyszeć na ten temat. Od lat interesuję się zjawiskami potocznie zwanymi okultyzmem i miałem styczność z takimi osobami.

Oczywiście, wierzę, że istnieją szarlatani. Zmarnowałem mnóstwo czasu przez takich „mistrzów", z których później opadała maska, ukazując ich bezbrzeżną pustkę. W sposób nieodpowiedzialny angażowałem się w działalność sekt, uczestniczyłem w rytuałach, za które zapłaciłem wysoką cenę. Wszystko to robiłem z pobudek jak najbardziej naturalnych i ludzkich: chciałem znaleźć klucz do zagadki życia.

Spotkałem jednak wielu ludzi mających kontakt z siłami, których nie byłem w stanie pojąć. Widziałem, jak ktoś cofnął czas. Widziałem operacje bez znieczulenia. W czasie jednego z takich zabiegów (właśnie tego dnia obudziłem się pełen wątpliwości co do nadprzyrodzonych zdolności człowieka) włożyłem palec w ranę przeciętą zardzewiałym nożem. Możecie wierzyć lub śmiać się, jeśli to jedyna reakcja, jaką budzi w was ten tekst, ale na własne oczy widziałem przemieszczające się metalowe przedmioty, wyginające się sztućce, migające w powietrzu światła. Wszystko za sprawą osób, które zapewniały, że tak się stanie (i tak było). Prawie zawsze znajdowało się kilka osób, które nie wierzyły w to, co ma nastapić. Ludzie ci zwykle nie zmieniali zdania, uważając, że mieli do czynienia ze zwykłym, choć dobrze zaplanowanym „oszustwem". Inni mówili, że to „sztuczki diabła". Niewielu uwierzyło, że ma do czynienia ze zjawiskami, które wymykają się ludzkiemu rozumowi.

Widziałem takie rzeczy w Brazylii, Francji, Anglii, Szwajcarii, Maroku, Japonii. Co się dzisiaj dzieje z większością osób, które – jak byśmy to ujęli – zakłóciły „niezmienne" prawa natury? Społeczeństwo spycha je na margines. Jeśli nie możemy czegoś wyjaśnić, to znaczy, że dane zjawisko nie istnieje. Większość tych osób nie wie, dlaczego jest zdolna do tak zaskakujących rzeczy. W obawie przed posądzeniem o szarlatanerię padają ofiarą własnego daru.

Żadna z nich nie jest szczęśliwa. Wszystkie czekają, aż ktoś je potraktuje poważnie. Czekają, aż znajdzie się jakieś naukowe wytłumaczenie ich daru (moim zdaniem nie tędy droga). Wielu z tych ludzi ukrywa swoje umiejętności i cierpi z tego powodu. Mogliby pomóc światu, ale im nie wolno. Wydaje mi się, że oni także zasługują na „oczyszczenie", gdyż jedyną ich winą jest to, że są inni.

Oddzielając ziarna od plew, nie można dać się zniechęcić fali sekciarstwa, która nas zalewa. Powinniśmy na nowo postawić sobie pytanie: do czego zdolny jest człowiek?

I ze spokojem odkrywać w sobie nieograniczone możliwości.

Rytm i droga

– Czegoś mi zabrakło w pańskim wykładzie na temat drogi do Santiago – powiedziała uczestniczka pielgrzymki, kiedy po moim wystąpieniu wychodziliśmy z Casa de Galicia w Madrycie.

Niedostatków było zapewne wiele, gdyż zamierzałem podzielić się jedynie spostrzeżeniami opartymi na własnych przeżyciach. Mimo to zaprosiłem ją na kawę, ciekaw, co uznała za największe uchybienie.

Begonia, bo tak miała na imię, wyznała:

– Zauważyłam, że zawsze staramy się dotrzymać kroku innym. Dotyczy to zarówno pielgrzymów udających się do Santiago de Compostella, jak i ludzi pielgrzymujących przez życie.

Na początku pielgrzymki starałam się nadążyć za grupą. Męczyłam się, wymagałam od siebie więcej, niż mogłam znieść, byłam spięta. W końcu nadwyrężyłam sobie ścięgno w lewej stopie. Przez dwa dni nie mogłam się ruszyć i wtedy zrozumiałam, że dotrę do Santiago tylko wtedy, gdy będę szła własnym tempem.

Szłam wolniej od innych, czasem samotnie przemierzałam odcinki trasy. Udało mi się dojść do końca tylko dlatego, że zaakceptowałam własne tempo. Od tamtej pory stosuję tę zasadę wobec wszystkiego, co robię w życiu – szanuję swój czas.

Jak podróżować inaczej

Jeszcze jako młody człowiek odkryłem, że podróżowanie jest najlepszym sposobem nauki. Do dziś mam duszę pielgrzyma, dlatego w tym artykule postanowiłem przekazać parę prawd, których się nauczyłem. Mam nadzieję, że okażą się także pożyteczne dla innych pielgrzymujących.

Omijaj muzea. Ta rada może brzmieć absurdalnie, ale postaramy się nad nią razem zastanowić. Gdy znajdujesz się w obcym mieście, czyż nie jest ciekawszym zajęciem szukanie znaków teraźniejszości zamiast śladów przeszłości? Czasem ludzie czują się w obowiązku pójść do muzeum, gdyż od dziecka uczono ich, że podróżowanie zobowiązuje do kontaktu z wysoką kulturą. Oczywiście, muzea są potrzebne, ale wymagają czasu i obiektywnego spojrzenia. Musimy wiedzieć, co chcemy zobaczyć.

W przeciwnym razie wychodzimy stamtąd przekonani, że widzieliśmy coś bardzo dla nas ważnego, ale nie pamiętamy co.

Odwiedzaj bary. W przeciwieństwie do muzeów kipi w nich miejskie życie. Bary to nie dyskoteki, przychodzą tam zwykli ludzie, zamawiają coś, zastanawiają się, jaka będzie pogoda, i zawsze są otwarci na rozmowę. Kup gazetę, wygodnie usiądź i obserwuj, kto wchodzi i wychodzi. Gdy ktoś do ciebie zagada, nawet jeśli wygląda na idiotę, nawiąż z nim rozmowę. Trudno dostrzec uroki drogi, gdy widzi się tylko jej początek.

Bądź otwarty. Najlepszym przewodnikiem jest osoba mieszkająca w danym miejscu, która zna swoje miasto, jest z niego dumna, ale nie pracuje w biurze podróży. Przejdź się ulicą, wybierz sobie kogoś, z kim chciałbyś porozmawiać, poproś o informację (Gdzie znajduje się katedra? Gdzie jest poczta?). Jeśli się nie uda, poszukaj kogoś innego – jestem pewien, że pod koniec dnia spotkasz świetnego kompana.

Staraj się podróżować sam lub – jeśli tak jest w twoim przypadku – z małżonkiem. Wymaga to większego wysiłku, gdyż nikt nie będzie się tobą (wami) zajmował. Jedynie w ten sposób zdołasz rzeczywiście oderwać się od własnego kraju. Podróżowanie w grupie to tylko pozorne przebywanie na obcym terenie, ponieważ oznacza rozmowy we własnym języku, podporządkowanie się przewodnikowi wycieczki, zajmowanie się ploteczkami dotyczącymi grupy, a nie miejscem, które się zwiedza.

Nie porównuj. Niczego nie porównuj – ani cen, ani poziomu czystości, jakości życia, środków transportu, niczego! Nie podróżujesz po to, by sobie udowodnić, że żyjesz lepiej od innych – w rzeczywistości poszukujesz informacji o tym, jak żyją inni, czego mogą cię nauczyć, jak radzą sobie zarówno z codziennością, jak i z nadzwyczajnymi sytuacjami w życiu.

Zapamiętaj, że wszyscy cię rozumieją. Nawet jeśli nie mówisz w danym języku, nie obawiaj się. Sam byłem w wielu miejscach, gdzie nie mogłem porozumieć się za pomocą języka, i zawsze otrzymywałem pomoc, wskazówki, ważne rady, a zdarzało się, że poznawałem dziewczynę. Niektórzy myślą, że gdy podróżują samotnie, po wyjściu na ulicę przepadną bez wieści. Wystarczy nosić w kieszeni kartkę z nazwą hotelu, w skrajnej sytuacji złapać taksówkę i pokazać ją kierowcy.

Nie kupuj za dużo. Wydawaj na rzeczy, których nie będziesz musiał dźwigać: dobrą sztukę w teatrze, restauracje, przejażdżki. Dziś, w dobie globalizacji rynku oraz wszechobecnego Internetu, możesz mieć wszystko bez konieczności płacenia za nadmiar bagażu w samolocie.

Nie staraj się zwiedzić świata w miesiąc. Lepiej pobyć w jednym mieście cztery–pięć dni niż zwiedzić pięć miejsc w tydzień. Miasto jest jak kapryśna kobieta, potrzeba czasu, by ją zdobyć i skłonić, żeby się przed tobą odkryła.

Podróż jest przygodą. Henry Miller mawiał, że ważniejsze jest odkrycie kościółka, o którym nikt nie słyszał, niż podróż do Rzymu, gdzie trzeba zwiedzać Kaplicę Sykstyńską wraz z dwustoma tysiącami rozwrzeszczanych turystów. Pójdź do Kaplicy Sykstyńskiej, ale daj sobie też czas, by pobłąkać się po uliczkach i zaułkach, poczuj wolność człowieka szukającego tego, czego jeszcze nie zna, ale z pewnością znajdzie i co odmieni jego życie.

Bajka

Pielgrzymująca do Santiago Maria Emilia Voss opowiedziała mi następującą historię:

Około 250 roku przed naszą erą w Chinach pewien książę z prowincji Ching-Zda miał wkrótce zostać cesarzem, lecz zgodnie z prawem musiał się najpierw ożenić.

Sprawa dotyczyła przyszłej cesarzowej, więc książę musiał znaleźć dziewczynę, której mógłby ślepo zaufać. Idąc za radą mędrca, zebrał wszystkie panny z prowincji, by wybrać tę najwłaściwszą.

Pewna stara kobieta, która przez lata służyła na dworze, słysząc o przygotowaniach przed audiencją, szczerze się zasmuciła. Jej córka od lat skrycie kochała się w księciu.

Kiedy jednak przyszła do domu i opowiedziała, co się szykuje, ze zdziwieniem usłyszała od córki, że ona też chce wystąpić.

Przerażona zapytała:

– Córko, po co ci to? Będą tam tylko najpiękniejsze i najbogatsze dwórki. Wybij sobie z głowy ten pomysł! Wiem, że cierpisz, ale nie zamieniaj bólu w szaleństwo!

Córka odparła:

– Droga matko, nie cierpię i na pewno nie jestem szalona. Wiem, że nigdy nie zostanę wybrana, ale to jedyna możliwość, bym przez chwilę była blisko księcia. Dzięki temu będę szczęśliwa, choć wiem, że czeka mnie inny los.

Wieczorem, gdy dziewczyna przybyła do pałacu, zebrały się tam już wszystkie najpiękniejsze dwórki w najwykwintniejszych szatach i najpiękniejszych klejnotach, gotowe zaciekle walczyć o wygraną.

Książę, otoczony swoim dworem, oznajmił:

– Każda z was otrzyma nasionko. Ta, która w ciągu sześciu miesięcy wyhoduje najpiękniejszy kwiat, zostanie przyszłą cesarzową Chin.

Dziewczyna zasadziła swoje ziarenko w doniczce. Nie znała się na ogrodnictwie, ale dbała o nie z wielkim oddaniem. Postawiła doniczkę na słońcu i pilnowała, żeby ziemia była stale wilgotna. Wierzyła, że jeśli piękno kwiatu dorówna jej miłości, nie musi się o nic martwić.

Minęły trzy miesiące i nic. Dziewczyna chwytała się różnych sposobów, radziła się rolników i wieśniaków, którzy znali najrozmaitsze metody upraw – wszystko na próżno. Każdy dzień oddalał ją od spełnienia marzeń, choć jej miłość nie słabła.

Po sześciu miesiącach w doniczce nadal nic nie wyrosło. Dziewczyna nie miała się czym pochwalić, lecz wierzyła w swoje poświęcenie i oddanie, które okazywała przez cały czas. Oznajmiła więc matce, że w wyznaczonym dniu o wyznaczonej godzinie zjawi się w pałacu. Wiedziała, że to ostatnie spotkanie z ukochanym, i za nic w świecie nie chciała stracić okazji.

Nadszedł dzień audiencji. Dziewczyna przyszła z doniczką bez rośliny i zobaczyła, że wszystkie pozostałe panny wypełniły zadanie. Jeden kwiat był piękniejszy od drugiego, każdy w innym kształcie i kolorze.

Nadeszła wreszcie oczekiwana chwila. Wszedł książę, uważnie i długo przyglądał się każdej dziewczynie. Kiedy obejrzał wszystkie, ogłosił swój werdykt, wskazując córkę służącej jako swoją przyszłą żonę.

Podniósł się krzyk, że wybrał tę, która nie zdołała wyhodować rośliny.

Książę ze spokojem uzasadnił swój wybór:

– Ona jedna wyhodowała kwiat, który czyni ją godną tronu cesarzowej, kwiat uczciwości. Wszystkie nasiona, które wam wręczyłem, były jałowe i z żadnego nie mogło nic wyrosnąć.

Największemu z brazylijskich pisarzy

Kiedyś własnym sumptem wydałem książkę *Os Arquivos do Inferno** (z której jestem bardzo dumny, a w księgarniach nie ma jej tylko dlatego, że brakowało mi odwagi, by ją gruntownie zredagować). Wszyscy wiemy, jak trudno wydać książkę, ale jest coś jeszcze trudniejszego: sprawić, by znalazła się na półkach. Przez wiele tygodni moja żona odwiedzała księgarzy w jednej części miasta, ja robiłem to samo w drugiej.

Któregoś dnia, z książką pod pachą, Christina przechodziła przez Avenidę Copacabana, gdy nagle po drugiej stronie zobaczyła samego Jorge Amado z Zelią Gattai! Nie namyślając się długo, podeszła

---

* Archiwa piekieł (przyp. red.).

do nich i powiedziała, że jej mąż jest pisarzem. Jorge i Zelia (którzy pewnie słyszeli to codziennie) potraktowali ją bardzo serdecznie, zaprosili na kawę, poprosili o egzemplarz książki i życzyli mi powodzenia w karierze literackiej.

– Zwariowałaś? – powiedziałem, gdy żona wróciła do domu. – Nie rozumiesz, że to największy żyjący pisarz brazylijski?

– Właśnie o to chodzi – odparła. – Człowiek, który zaszedł tak daleko, musi mieć dobre serce.

Christina trafiła w sedno: dobre serce. Amado, najsławniejszy brazylijski pisarz na świecie, stanowił (i nadal stanowi) najważniejszy punkt odniesienia wobec wszystkiego, co zdarzyło się w naszej literaturze.

A jednak któregoś pięknego dnia na liście najlepiej sprzedających się książek we Francji pojawił się *Alchemik,* autorstwa innego Brazylijczyka, i po kilku tygodniach zajął pierwsze miejsce.

Minęło parę dni i otrzymałem pocztą ową listę wyciętą z gazety oraz serdeczny list i gratulacje od Jorge Amado, w którego czyste serce nigdy nie zakradła się zazdrość.

Niektórzy brazylijscy i zagraniczni dziennikarze zadają mu prowokujące i złośliwe pytania. Jorge ani razu nie poszedł na łatwiznę niszczącej krytyki i stał się moim obrońcą w chwili dla mnie najtrudniejszej, gdy większość recenzji mojej książki była negatywna.

W końcu dostałem pierwszą nagrodę literacką za granicą, dokładnie: we Francji. Tak się składa, że ze względu na wcześniej podjęte zobowiązania w dniu wręczania nagrody musiałem być w Los Angeles. Anne Carriére, mój wydawca, była załamana. Rozmawiała z moim amerykańskim pracodawcą, ale nie zgodził się na odwołanie zaplanowanych wykładów.

Zbliżał się dzień wręczenia nagrody, a laureat nie może przyjechać. Zdesperowana Anne bez porozumienia ze mną zadzwoniła do Jorge Amado i wyjaśniła sytuację. W jednej chwili Jorge zaofiarował się zastąpić mnie podczas ceremonii wręczenia nagrody.

Nie dość na tym, zaprosił ambasadora Brazylii, wygłosił piękne przemówienie i zrobił na wszystkich wielkie wrażenie.

Najciekawsze jest to, że osobiście poznałem Jorge Amado prawie rok po otrzymaniu nagrody. Jednak jego ducha podziwiałem już wcześniej – tak jak podziwiałem jego książki – ducha pisarza, który nie gardzi nowicjuszami, którego cieszą sukcesy współczesnych, człowieka gotowego pomóc, gdy tylko zajdzie taka potrzeba.

O spotkaniu, którego nie było

Myślę, że przynajmniej raz w tygodniu zdarza nam się spotkać nieznajomego, z którym chcielibyśmy porozmawiać, ale brakuje nam odwagi. Parę dni temu otrzymałem na ten temat list od czytelnika, którego nazwę Antonim. Oto kilka przepisanych przeze mnie fragmentów:

„Przechadzałem się po Gran Via, gdy nagle zauważyłem dobrze ubraną niską kobietę o bladej cerze, która prosiła przechodniów o jałmużnę. Kiedy się zbliżyłem, zwróciła się do mnie z prośbą o parę groszy na kanapkę. W Brazylii żebrzący ludzie są zawsze obszarpani i brudni, postanowiłem więc nic jej nie dawać i poszedłem dalej. Jednak spojrzenie, które mi rzuciła, wprawiło mnie w zakłopotanie.

Udałem się do hotelu, lecz nagle poczułem nieodpartą chęć, by wrócić i dać jej parę groszy. Byłem na wakacjach, właśnie zjadłem obiad, miałem w kieszeni pieniądze. Proszenie o jałmużnę na ulicy i wystawianie na widok publiczny swojej nędzy na pewno było upokarzające.

Wróciłem do miejsca, gdzie ją spotkałem, ale już jej nie było. Przeszedłem kilka pobliskich ulic i nic. Następnego dnia powtórzyłem swoją wędrówkę, bez skutku.

Od tego dnia nie mogłem spokojnie zasnąć. Wróciłem do Fortalezy*, zwierzyłem się znajomej, a ona powiedziała, że ominęło mnie bardzo ważne spotkanie i powinienem prosić Boga o pomoc. Zacząłem się modlić i jakiś wewnętrzny głos powiedział mi, że muszę odszukać żebraczkę. Przez całą noc nie mogłem zasnąć i bardzo płakałem. Zrozumiałem, że nie mogę tak dłużej żyć, zebrałem pieniądze, kupiłem bilet i wróciłem do Madrytu, żeby odszukać tę kobietę.

Zacząłem beznadziejne poszukiwania, nie robiłem nic innego, ale czas mijał i kończyły mi się pieniądze. Poszedłem do biura podróży i przesunąłem datę wyjazdu, gdyż postanowiłem nie wracać do Brazylii, dopóki nie dam jałmużny, której przedtem odmówiłem.

Gdy wychodziłem z biura, potknąłem się o stopień i wpadłem wprost na kobietę, której szukałem.

---

* Fortaleza – miasto w północno-wschodniej Brazylii (przyp. tłum.).

Bez namysłu włożyłem rękę do kieszeni, wyjąłem wszystko, co miałem, i wręczyłem żebraczce. Poczułem wielki spokój, podziękowałem Bogu za szansę ponownego spotkania bez słów.

Potem wracałem do Hiszpanii wiele razy. Wiem, że już nigdy jej nie spotkam, ale spełniłem potrzebę serca".

Uśmiechnięta para
(Londyn, 1977)

W tym czasie moją żoną była dziewczyna imieniem Cecília. Był to okres, kiedy postanowiłem rzucić wszystko, co nie sprawiało mi radości. Wyjechaliśmy do Londynu. Zajmowaliśmy małe mieszkanie na drugim piętrze przy Palace Street i mieliśmy wielkie trudności z nawiązywaniem kontaktów. Jakby na przekór temu z pobliskiego baru co wieczór wychodziła młoda para i mijając nasze okna, machała do nas, wołając, byśmy zeszli na dół.

Denerwowałem się, co powiedzą sąsiedzi. Nigdy nie wyszedłem, udając, że nie chodzi o mnie. Jednak młodzi ludzie powtarzali swoje nawoływania, gdy tylko wychodzili z pubu, nawet jeśli w oknie nie było nikogo.

Któregoś wieczoru zszedłem do nich i zwróciłem

im uwagę. W jednej chwili ich roześmiane twarze posmutniały, przeprosili mnie i odeszli. Wtedy zdałem sobie sprawę, że choć szukałem przyjaciół, o wiele bardziej martwiło mnie, „co powiedzą sąsiedzi".

Postanowiłem następnym razem zaprosić ich na drinka. Przez tydzień siedziałem przy oknie w porze, gdy zazwyczaj wychodzili z pubu, ale już się nie pojawili. Zacząłem odwiedzać pub, mając nadzieję, że ich spotkam, ale właściciel też ich nie znał.

Umieściłem w oknie kartkę z napisem „Odezwijcie się". Udało mi się jedynie zwabić bandę pijaków, którzy pewnej nocy zaczęli pod naszymi oknami wykrzykiwać najwulgarniejsze wyzwiska. Sąsiadka, której tak się obawiałem, poskarżyła się właścicielowi.

Nigdy więcej nie spotkałem tej młodej pary.

Druga szansa

Jechaliśmy samochodem przez Portugalię. – Od dawna fascynuje mnie historia Ksiąg sybilińskich – zwierzyłem się Monice, mojej znajomej, która była jednocześnie agentem literackim. – Zawsze trzeba korzystać z szansy, inaczej traci się ją bezpowrotnie.

Sybille, czarodziejki przepowiadające przyszłość, mieszkały w starożytnym Rzymie. Pewnego pięknego dnia jedna z nich pojawiła się w pałacu cesarza Tyberiusza z dziewięcioma księgami i zażądała za nie dziesięciu złotych talentów. Tyberiusz uznał to za zbyt wygórowaną cenę i odmówił. Sybilla wyszła, spaliła trzy księgi i wróciła z pozostałymi sześcioma. „Chcę za nie dziesięć złotych talentów" – powiedziała. Tyberiusz wyśmiał ją i kazał wyrzucić za drzwi. Jak można mieć taki tupet, by żądać tej samej ceny za sześć ksiąg co przedtem za dziewięć?

Sybilla spaliła kolejne trzy księgi i wróciła z ostatnimi trzema. „Kosztują tyle samo – dziesięć złotych talentów". Zaciekawiony Tyberiusz kupił wreszcie trzy księgi, ale mógł poznać jedynie niewielką część tego, co miało nastąpić w przyszłości.

Kiedy skończyłem opowieść, zauważyłem, że mijamy Ciudad Rodrigo na granicy portugalsko-hiszpańskiej. Cztery lata temu ktoś zaproponował mi tam książkę, której nie kupiłem.

– Zatrzymajmy się. Nie przypadkiem przypomniałem sobie o Księgach sybilińskich. To znak, że muszę naprawić błąd.

Podczas pierwszego wyjazdu promującego moją książkę w Europie postanowiłem zatrzymać się w tym mieście na obiad. Potem zwiedziłem katedrę, gdzie spotkałem księdza. „Niech pan spojrzy, jak w popołudniowym słońcu wszystko pięknieje" – powiedział. Spodobała mi się ta uwaga, chwilę porozmawialiśmy, potem pokazał mi ołtarze, krużganki i ogrody na tyłach świątyni. W końcu zaproponował swoją książkę na temat kościoła, ale odmówiłem. Gdy wyszedłem, poczułem się winny. Jestem pisarzem, jeżdżę po Europie, próbując sprzedać swoją twórczość. Dlaczego przez solidarność nie miałbym kupić książki napisanej przez proboszcza? W końcu zapomniałem o całym zdarzeniu. Aż do tego dnia.

Zatrzymałem się. Poszliśmy na plac przed kościołem, gdzie jakaś kobieta patrzyła w niebo.

– Dzień dobry. Szukam księdza, który napisał książkę o tym kościele.

– Nazywał się Stanisław, zmarł rok temu – odpowiedziała.

Poczułem przeogromny smutek. Dlaczego poskąpiłem księdzu Stanisławowi radości, jakiej sam doświadczałem, widząc kogoś z moją książką w ręku?

– To był jeden z najlepszych ludzi, jakich znałam – ciągnęła kobieta. – Pochodził z biednej rodziny, ale skończył studia i został archeologiem. Pomógł mojemu synowi dostać się do szkoły średniej i zdobyć stypendium.

Opowiedziałem jej, co mnie tu sprowadza.

– Nie obwiniaj się tak pochopnie, synu. Idź zwiedzić katedrę.

Poczułem, że to znak, i zrobiłem, jak mi poradziła. W konfesjonale siedział ksiądz, czekając na wiernych, którzy nie nadchodzili. Podszedłem do niego, dał mi znak, bym uklęknął. Przerwałem mu:

– Nie chcę się spowiadać, przyszedłem kupić książkę o kościele, którą napisał człowiek imieniem Stanisław.

Oczy księdza rozbłysły. Wyszedł z konfesjonału i po chwili wrócił z egzemplarzem książki.

– Ależ mi pan sprawił radość! – powiedział. – Stanisław był moim bratem i jestem z niego bardzo dumny. Pewnie jest teraz szczęśliwy w niebie, bo jego praca nie poszła na marne.

Pośród tylu księży natknąłem się akurat na brata

Stanisława. Kiedy wziąłem książkę i zapłaciłem, uścisnął mnie. Odchodząc, usłyszałem za sobą głos:

– Niech pan spojrzy, jak w popołudniowym słońcu wszystko pięknieje!

To były te same słowa, które usłyszałem z ust księdza Stanisława cztery lata temu. W życiu zawsze pojawia się druga szansa.

Australijczyk i ogłoszenie w gazecie

Siedzę sobie w porcie w Sydney, patrzę na most łączący dwie części miasta, gdy w pewnej chwili podchodzi do mnie Australijczyk i prosi, bym przeczytał mu ogłoszenie w gazecie.

– Takie małe litery – mówi. – Nie mogę ich odczytać.

Próbuję, ale nie mam ze sobą okularów do czytania. Zaczynam się tłumaczyć.

– Nic nie szkodzi – odpowiada. – Coś panu powiem. Myślę, że Bóg też ma zmęczony wzrok. Nie dlatego, że jest stary, ale dlatego, że tak woli. W ten sposób, kiedy człowiek zrobi coś złego, On niewiele widzi i wybacza, bo nie chce nikogo skrzywdzić.

– A co z dobrymi uczynkami? – spytałem.

– Przecież Pan Bóg nigdy nie zapomina okularów w domu – zaśmiał się Australijczyk i odszedł.

Lament pustyni

Przyjaciel wrócił właśnie z Maroka i opowiedział mi piękną historię o misjonarzu, który przyjechał do Marrakeszu z postanowieniem, że każdego ranka będzie chodził na spacer po pustyni okalającej miasto. Podczas pierwszego spaceru spotkał mężczyznę leżącego z uchem przy ziemi, głaszczącego piasek.

„Szaleniec" – pomyślał.

Jednak sytuacja powtarzała się każdego dnia. Po miesiącu zaciekawiony misjonarz postanowił zagadnąć nieznajomego. Uklęknął przy nim i z wielkim trudem – gdyż nie znał jeszcze biegle arabskiego – zapytał:

– Co robisz?

– Siedzę przy pustyni, pocieszam ją w samotności i łzach.

– Nie wiedziałem, że pustynia może płakać.

Płacze każdego dnia, bo marzy, żeby człowiek zrobił z niej użytek i zamienił w wielki ogród, w którym będzie uprawiał zboże, kwiaty, hodował owce.

– Powiedz pustyni, że dobrze spełnia swoją rolę – odparł misjonarz. – Codziennie, gdy tędy przechodzę, rozmyślam nad prawdziwym wymiarem ludzkiego życia, a jej otwarte przestrzenie pozwalają dostrzec naszą małość względem Boga.

Patrząc na pustynny piasek, wyobrażam sobie miliony ludzi stworzonych na równi, choć życie nie z każdym postępuje sprawiedliwie. Pustynne wydmy pomagają mi w modlitwie. Kiedy widzę na horyzoncie wschodzące słońce, serce moje wypełnia radość i czuję się bliżej Stwórcy.

Misjonarz odszedł i zajął się swoimi codziennymi sprawami. Jakież było jego zdziwienie, gdy następnego dnia rano zastał człowieka w tym samym miejscu i w tej samej pozycji.

– Rozmawiałeś z pustynią o tym, co ci wczoraj powiedziałem?

Człowiek skinął głową.

– I nadal płacze?

– Słyszę każdy jej szloch. Teraz rozpacza, bo od milionów lat myślała, że jest bezużyteczna. Zmarnowała tyle czasu, bluźniąc przeciw Bogu i skarżąc się na swój los.

– Powiedz jej, że choć życie człowieka jest o wiele krótsze, on też całymi latami rozpacza, że jest bezużyteczny. Rzadko kiedy odkrywa sens swego istnienia i jest przekonany, że Bóg obszedł się z nim niesprawiedliwie. Kiedy wreszcie nadchodzi chwila, gdy jakieś wydarzenie odkrywa przed nim powód jego narodzin, zdaje mu się, że jest za późno, i nadal cierpi. Podobnie jak twoja pustynia obwinia się za stracony czas.

– Nie wiem, czy ona to usłyszy – odparł człowiek. – Przyzwyczaiła się do bólu i nie umie inaczej patrzeć na świat.

– Zrobimy więc to, co zawsze czynię, gdy widzę człowieka tracącego nadzieję. Pomodlimy się.

Uklękli i zaczęli się modlić, jeden zwrócony w stronę Mekki, gdyż był muzułmaninem, drugi, złożywszy błagalnie ręce, gdyż był katolikiem. Każdy modlił się do swego Boga, który zawsze był tym samym Bogiem, choć ludzie upierają się, by nadawać Mu różne imiona.

Następnego dnia, gdy misjonarz udał się jak zwykle na poranny spacer, człowieka nie było. W miejscu, gdzie zazwyczaj siedział, gładząc piasek, ziemia zdawała się wilgotna. Powstało tu niewielkie źródełko, które z czasem powiększyło się tak, że mieszkańcy miasta zbudowali studnię.

Beduini nazywają to miejsce Studnią Pustynnych Łez. Mówią, że kto napije się z niej wody, zmieni przyczynę swych cierpień w źródło radości i odnajdzie prawdziwe powołanie.

Rzym:
Izabela wraca z Nepalu

Z Izabelą spotykam się zawsze w tej samej restauracji, która choć zwykle pusta, serwuje świetne jedzenie. Opowiedziała mi, jak podczas pobytu w Nepalu spędziła kilka dni w klasztorze. Któregoś popołudnia przechadzała się po okolicy w towarzystwie mnicha. W pewnej chwili jej towarzysz otworzył papierową torbę z zakupami i długo przypatrywał się jej zawartości. Potem zapytał moją przyjaciółkę:

– Czy wiesz, że banany mogą nam ukazać sens życia?

Wyjął z torby zgniły banan i wyrzucił go.

– Tak wygląda życie niewykorzystane w porę, a potem jest za późno.

Po chwili wyciągnął z torby zielony banan, pokazał jej i schował z powrotem.

– Oto życie, które jeszcze się nie spełniło, trzeba poczekać na odpowiednią chwilę.

Wreszcie wyjął dojrzały banan, obrał go i podzielił się z Izabelą.

– To jest odpowiednia chwila. Naucz się nią karmić bez strachu i poczucia winy.

O sztuce władania mieczem

Przed wiekami, w czasach samurajów, w Japonii powstał tekst o duchowej sztuce władania mieczem: *O wiedzy nieprzemijającej*, znany również pod nazwą *Traktat Tahlana*, od imienia autora (który był jednocześnie mistrzem fechtunku i mnichem zen). Przedstawiam kilka opracowanych przeze mnie fragmentów.

Jak zachować spokój: Kto rozumie sens życia, wie, że nic nie ma początku ani końca, dlatego nie popada w rozpacz. Walczy o to, w co wierzy, nie starając się nikomu niczego udowodnić, zachowując wewnętrzny spokój człowieka, który miał odwagę wybrać własny los.

Zasada ta obowiązuje zarówno w miłości, jak i podczas wojny.

Jak nie zagłuszyć serca: Kto wierzy w swoją moc

uwodzenia, w umiejętność dobierania słów zgodnie z potrzebą chwili, kto wierzy, że opanował język ciała, pozostaje głuchy na głos serca. Można go usłyszeć tylko wtedy, gdy jest się w harmonii z otaczającym światem, nigdy zaś – ufając, że jest się jego centrum.

Zasada ta obowiązuje zarówno w miłości, jak i podczas wojny.

Jak wejść w skórę bliźniego: Tak głęboko wierzymy, że nasza postawa jest najwłaściwsza, iż zapominamy o bardzo ważnej rzeczy: by osiągnąć swój cel, potrzebujemy innych ludzi. Trzeba nie tylko bacznie obserwować świat, ale umieć wejść w skórę bliźniego i nauczyć się rozumieć jego myśli.

Zasada ta obowiązuje zarówno w miłości, jak i podczas wojny.

Jak znaleźć odpowiedniego mistrza: Na swojej drodze spotkamy wielu ludzi, którzy z miłości bądź pychy będą chcieli nas czegoś nauczyć. Jak odróżnić przyjaciela od manipulatora? Odpowiedź jest prosta: prawdziwy mistrz nie pokazuje uczniowi idealnej drogi, lecz wiele ścieżek wiodących ku drodze, którą będzie musiał przejść, by odnaleźć swoje przeznaczenie. Z chwilą gdy uczeń znajdzie drogę, sam będzie musiał sprostać wyzwaniom. Mistrz nie będzie mu już pomagał.

Zasada ta nie obowiązuje ani w miłości, ani podczas wojny, lecz bez jej zrozumienia do niczego nie dojdziemy.

Jak unikać niebezpieczeństw: Myślimy, że idealną postawą jest poświęcić życie marzeniom. Nic bardziej błędnego. Musimy dbać o życie, by urzeczywistnić marzenia. Dlatego trzeba wiedzieć, jak unikać zagrożeń. Im dłużej będziemy ważyć nasze kroki, tym łatwiej zbłądzimy. Nie bierzemy pod uwagę takich życiowych doradców jak emocje i spokój. Im bardziej nam się zdaje, że dzierżymy ster, tym dalej jesteśmy od panowania nad sytuacją. Niebezpieczeństwo przychodzi niezapowiedziane, szybkiej reakcji nie można zaplanować jak spaceru po niedzielnym obiedzie.

Jeśli więc chcesz być przygotowany na miłość lub walkę, naucz się szybko działać. Obserwuj świat z uwagą i nie pozwól, by domniemane doświadczenia życiowe zmieniły cię w maszynę. Używaj doświadczenia tak, byś zawsze słyszał głos serca. Nawet gdy nie godzisz się z tym, co mówi, szanuj jego rady. Ono wie, kiedy działać, a kiedy czekać.

Ta zasada także obowiązuje w miłości i podczas wojny.

W Górach Błękitnych

W dzień po moim przyjeździe do Australii wydawca zabrał mnie na wycieczkę do rezerwatu przyrody niedaleko Sydney. W środku puszczy porastającej miejsce zwane Górami Błękitnymi znajdują się trzy kamienne formy w kształcie obelisku.

– To są Trzy Siostry – wyjaśnił wydawca i opowiedział mi ich historię.

Czarownik przemierzał las w towarzystwie trzech sióstr, gdy spotkał najsłynniejszego w tamtych czasach wojownika.

– Chcę się ożenić z jedną z twoich sióstr – powiedział wojownik.

– Jeśli jedna wyjdzie za mąż, pozostałe pomyślą, że są brzydkie. Szukam plemienia, w którym wojownikom wolno mieć trzy żony – odparł czarownik i poszedł dalej.

Przez wiele lat przemierzali australijski kontynent, lecz nie spotkali takiego plemienia.

– Przynajmniej któraś z nas mogła być szczęśliwa – poskarżyła się jedna z sióstr, kiedy były już stare i zmęczone długą wędrówką.

– Źle postąpiłem, ale jest już za późno – odparł czarownik.

I zamienił siostry w trzy kamienie, by każdy, kto będzie tędy przechodził, pamiętał, że szczęście jednego człowieka nie oznacza smutku drugiego.

Smak wygranej

Mój irański wydawca Arash Hejazi opowiedział mi historię człowieka, który chciał zostać świętym. Udał się w góry z zamiarem pozostania tam do końca życia, a jego całym dobytkiem było to, co miał na grzbiecie.

Wkrótce pojął, że jedno ubranie mu nie wystarczy. Zszedł do wioski i poprosił o strój na zmianę. Ludzie wiedzieli, że ma być świętym, więc dali mu nowe spodnie i koszulę.

Podziękował i wspiął się z powrotem na górę, gdzie budował sobie pustelnię. Nocą wznosił ściany, modlił się za dnia, jadł owoce z drzew i pił wodę z pobliskiego źródła.

Po miesiącu odkrył, że szczur pogryzł mu ubranie na zmianę, gdy suszyło się po upraniu. Chciał, by nic nie odciągało go od ćwiczeń duchowych, więc znów zszedł do osady i poprosił o kota. Mieszkańcy pamiętali, jaki przyświeca mu cel, więc spełnili jego prośbę.

Po tygodniu kot zaczął chorować, bo w okolicy nie było więcej szczurów i musiał żywić się owocami. Człowiek poszedł do wioski po mleko. Wieśniacy wiedzieli, że mleko nie jest dla niego, i znów mu pomogli.

Kot szybko wypił mleko, człowiek poprosił więc we wsi o krowę. Krowa dawała tyle mleka, że sam zaczął je pić, żeby się nie marnowało. W krótkim czasie, oddychając górskim powietrzem, żywiąc się owocami, medytując, pijąc mleko i ćwicząc, stał się ucieleśnieniem piękna. Zakochała się w nim dziewczyna, która ujrzała go, szukając zagubionej owcy. Przekonała mężczyznę, że przyda mu się żona, która zadba o dom, gdy on będzie w spokoju poświęcał się modlitwie.

Minęły trzy lata, człowiek był żonaty, miał dwoje dzieci, trzy krowy, sad i prowadził szkołę medytacji. Długa była lista oczekujących, którzy chcieli uczyć się w cudownej świątyni wiecznej młodości.

Gdy go pytano, jak do tego doszedł, odpowiadał:

– Po pierwszych dwóch tygodniach życia w górach miałem jedno ubranie na zmianę, które pogryzł szczur, potem...

Nikogo jednak nie ciekawił koniec historii. Ludzie byli przekonani, że przemawia przez niego kupiecki spryt i wymyślił tę opowieść, by podnieść cenę za naukę w swojej szkole.

Ceremonia picia herbaty

W Japonii uczestniczyłem w ceremonii picia herbaty. Wchodzi się do małego pomieszczenia i pije herbatę. To wszystko. Jednak robi się to z takim namaszczeniem i według najściślejszych reguł, że zwyczajna czynność zmienia się z chwilą zjednoczenia ze wszechświatem.

Mistrz ceremonii Okakusa Kasuko wyjaśnia, na czym to polega:

– Ceremonia jest hołdem dla piękna i prostoty. Celem jest osiągnięcie ideału poprzez niedoskonałe gesty codzienności. Całe piękno tkwi w precyzji, z jaką jest przeprowadzana.

Jeśli zwykłe picie herbaty może nas wznieść ku Bogu, powinniśmy większą wagę przywiązywać do drobnostek życia codziennego.

Chmura i wydma

„Wszyscy wiemy, że żywot chmury jest bardzo urozmaicony, ale nadzwyczaj krótki” – napisał Bruno Ferrero.

Oto kolejna historia:

Podczas burzy na środku Morza Śródziemnego narodziła się chmura. Nie miała jednak czasu tam dojrzeć, gdyż wiatr zaczął spychać wszystkie chmury w kierunku Afryki.

Gdy dotarły nad kontynent, zmienił się klimat. Na niebie zajaśniało gorące słońce, a poniżej rozciągały się złote piaski Sahary. Wiatr chciał je przenieść na południe, w kierunku dżungli, gdyż nad pustynią prawie nigdy nie pada deszcz.

Młoda chmura, wzorem młodych ludzi, postanowiła poznać świat i odłączyła się od rodziców i starszych przyjaciół.

– Co ty robisz? – zaprotestował wiatr. – Pustynia jest wszędzie taka sama! Wracaj do szeregu, wszyscy zmierzamy do Afryki, gdzie są góry i przepiękne drzewa.

Jednak młoda chmura nie posłuchała go, gdyż z natury była niepokorna. Powoli schodziła ku ziemi, aż osiadła na lekkim, przyjaznym wietrze unoszącym się nad złotymi piaskami. Długo spacerowała, aż zauważyła uśmiechającą się do niej wydmę.

Spostrzegła, że wydma także była młoda, niedawno usypana przez wiatr. W jednej chwili zakochała się w jej złotych włosach.

– Witaj – powiedziała. – Jak ci się wiedzie tam w dole?

– Żyję wśród innych wydm, słońca, wiatru i karawan, które tędy przechodzą. Czasem jest straszliwie gorąco, ale da się wytrzymać. A jak ci się żyje tam w górze?

– Tutaj też jest słońce i wiatr, ale za to mogę przechadzać się po niebie i poznawać świat.

– Moje życie jest krótkie – poskarżyła się wydma. – Gdy wiatr wróci z dżungli, zniknę.

– Bardzo cię to martwi?

– Wydaje mi się, że nikomu nie jestem potrzebna.

– Ja czuję to samo, bo gdy zawieje nowy wiatr, polecę na południe i zamienię się w deszcz. Taki mój los.

Wydma zawahała się, po czym spytała:

– Czy wiesz, że tu na pustyni deszcz nazywamy Rajem?

– Nie przypuszczałam, że mogę zmienić się w coś tak wspaniałego – odparła z dumą chmura.

– Słyszałam, jak stare wydmy opowiadają różne historie. Mówią, że po deszczu obrastają nas zioła i kwiaty. Mnie to nigdy nie spotka, deszcz rzadko pada na pustyni.

Tym razem zawahała się chmura, lecz po chwili uśmiechnęła się szeroko:

– Jeśli chcesz, mogę okryć cię deszczem. Kocham cię i chcę z tobą zostać na zawsze.

– Kiedy zobaczyłam cię na niebie, też się w tobie zakochałam – odpała wydma. – Ale jeśli zmienisz swoją piękną białą czuprynę w deszcz, umrzesz.

– Miłość nigdy nie umiera – powiedziała chmura. – Ona się zmienia, a ja chcę pokazać ci Raj.

I chmura zaczęła pieścić wydmę małymi kroplami. Długo były razem, aż pojawiła się tęcza.

Następnego dnia wydmę obsypały drobne kwiaty. Sunące w stronę Afryki młode chmury myślały, że tu zaczyna się dżungla, której od dawna wypatrywały, więc zostawiały parę kropel. Po dwudziestu latach wydma zmieniła się w oazę, użyczającą podróżnym cienia pod drzewami.

A wszystko dlatego, że któregoś dnia pewna chmura nie zawahała się poświęcić życia z miłości.

Norma i dobre rzeczy

W Madrycie mieszka Norma, bardzo nietypowa Brazylijka. Hiszpanie nazywają ją rockową babcią. Ma ponad sześćdziesiąt lat, pracuje w kilku miejscach naraz. Ciągle wymyśla promocje, przyjęcia, koncerty.

Pewnego razu, około czwartej nad ranem, gdy słaniałem się ze zmęczenia, spytałem Normę, skąd czerpie tyle energii.

– Mam magiczny kalendarz. Pokażę ci, jeśli chcesz.

Następnego południa odwiedziłem ją w domu. Wyjęła pomiętą kartkę papieru.

– Dzisiaj mamy rocznicę odkrycia szczepionki przeciw polio – powiedziała. – Świętujmy, bo życie jest piękne.

Na każdej kartce kalendarza Norma wypisała, co dobrego zdarzyło się w przeszłości danego dnia. Życie zawsze dawało jej powód do radości.

21 czerwca 2003 roku, Jordania, Morze Martwe

Przy jednym stole zasiedli obok siebie: król i królowa Jordanii, sekretarz stanu Collin Powell, ambasador Ligi Arabskiej, minister spraw zagranicznych Izraela, prezydent Niemiec, prezydent Afganistanu Hamid Karzai i wielu innych polityków zaangażowanych w proces pokojowy związany z wojną, której jesteśmy świadkami. Choć temperatura sięgała 40°C, znad pustyni wiał lekki wietrzyk, pianista wygrywał sonaty, niebo było bezchmurne, a ogród oświetlały pochodnie. Na przeciwległym brzegu Morza Martwego widzieliśmy Izrael, na horyzoncie jaśniało niebo nad Jerozolimą. Wokół panował spokój i harmonia. Nagle zdałem sobie sprawę, że choć dzieje się to naprawdę, przypomina raczej nasz wspólny sen. W ostatnich miesiącach mój pesymizm pogłębił się, ale wierzę, że jeśli ludzie chcą ze sobą rozmawiać, nie wszystko jest stracone. Po przyjęciu królowa Rania wyjaśniła nam, że wybrała miejsce spotkania ze względu na jego symboliczny charakter: Morze Martwe jest najniżej położonym miejscem na ziemi (401 metrów poniżej poziomu morza). Gdybyśmy chcieli zejść głębiej, musielibyśmy się zanurzyć w wodzie, ale jej zasolenie jest tak duże, że wypycha ciało na powierzchnię. Podobnie dzieje się z procesem pokojowym na Bliskim Wschodzie. Trudno zejść niżej niż obecnie. Gdybym tego dnia włączył telewizor, dowiedziałbym się o śmierci kolejnego żydowskiego osadnika i następnego młodego Palestyńczyka. Jednak teraz siedziałem na przyjęciu i towarzyszyło mi dziwne uczucie, że spokój tej upalnej nocy mógłby ogarnąć cały obszar, ludzie mogliby tak samo ze sobą rozmawiać. Utopia jest możliwa, człowiek nie może już upaść niżej.

Jeśli kiedykolwiek wybierzecie się na Bliski Wschód, pojedźcie do Jordanii (to piękny, przyjazny kraj), nad Morze Martwe, spójrzcie na leżący na przeciwległym brzegu Izrael, a zrozumiecie, że pokój jest możliwy. Poniżej przytaczam tekst, który odczytałem na przyjęciu przy dźwiękach muzyki genialnego żydowskiego skrzypka Ivry Gitlisa.

„Pokój nie jest przeciwieństwem wojny. Możemy mieć w sercu pokój nawet w ferworze najbardziej zaciekłej bitwy, gdyż walczymy o marzenia. Kiedy przyjaciele wokół tracą nadzieję, wiara w dobrą walkę pomaga nam iść do przodu.

Matka, która może wyżywić dziecko, ma w oczach

spokój, choć drżą jej ręce, bo zawiedli dyplomaci, spadają bomby i umierają żołnierze.

Strzelec napinający łuk ma spokojny umysł, choć wszystkie jego mięśnie są napięte z wysiłku.

Dla wojowników światła nie ma sprzeczności między pokojem a wojną, gdyż:

a) potrafią oddzielić to, co nietrwałe, od tego, co wieczne; umieją walczyć o swe marzenia i o przetrwanie, jednocześnie szanując zasady ukształtowane przez czas, kulturę i religię;

b) wiedzą, że wrogowie nie muszą być nieprzyjaciółmi;

c) mają świadomość, że ich działanie wpłynie na kolejne pięć pokoleń i to ich dzieci oraz wnuki będą korzystać (lub cierpieć) w konsekwencji tych czynów;

d) pamiętają, co mówi I Ching: wytrwałość sprzyja. Jednak nie należy mylić wytrwałości z uporem – wojny, które trwają zbyt długo, niszczą entuzjazm potrzebny do odbudowy.

Wojownik światła nie działa w pustce, każda możliwość wewnętrznej przemiany to szansa, by zmienić świat.

Dla wojownika światła nie ma rzeczy niemożliwych. W razie potrzeby płynie pod prąd, a gdy będzie stary i zmęczony, powie wnukom, że przyszedł na świat, by lepiej zrozumieć sąsiada, a nie – by potępić brata".

Port San Diego, Kalifornia

Rozmawiałem ze znajomą ze Stowarzyszenia Księżyca. Organizuje warsztaty, podczas których uczy kobiety życia w zgodzie z naturą.

– Chciałbyś dotknąć mewy? – spytała, obserwując ptaki drepczące na skraju mola.

Oczywiście, że chciałem. Próbowałem to zrobić wiele razy, ale gdy się zbliżałem, mewa odlatywała.

– Spróbuj ją pokochać. Musisz wyrzucić z siebie tę miłość jak snop światła, tak aby trafić ją prosto w serce. Potem powoli do niej podejdź.

Zrobiłem tak, jak powiedziała. Dwa razy nie powiodło mi się, ale za trzecim poczułem się, jakbym był w „transie", i udało mi się jej dotknąć. Powtórzyłem „wejście w trans" i znów się udało.

– Miłość tworzy mosty tam, gdzie to niemożliwe – powiedziała moja przyjaciółka czarownica.

Opowiedziałem tę historię na wypadek, gdyby ktoś chciał zrobić to samo.

Sztuka odwrotu

Wojownik światła, który zbytnio ufa swej inteligencji, przestaje doceniać moc przeciwnika.

Musimy pamiętać, że są chwile, gdy siła okazuje się skuteczniejsza od mądrości. Kiedy dotyka nas pewien szczególny rodzaj przemocy, żaden błyskotliwy argument, inteligencja, wdzięk – nic nie uchroni nas od tragedii.

Dlatego wojownik światła nigdy nie lekceważy brutalnej siły; gdy staje się ona nieracjonalnie agresywna, opuszcza pole bitwy i czeka, aż nieprzyjaciel straci impet.

Jednak trzeba jasno powiedzieć: wojownik światła nigdy nie stchórzy. Ucieczka jest sposobem obrony, ale nie można jej stosować, gdy przeważa strach.

Jeśli wojownik ma wątpliwości, woli stawić czoło klęsce, a potem leczyć rany, gdyż wie, że uciekając, da przeciwnikowi przewagę, na którą ten sobie nie zasłużył.

Cierpienie fizyczne minie, lecz prześladować go będzie wspomnienie duchowej słabości. Dlatego w bolesnych i trudnych chwilach wojownik przeciwstawia się nieprzychylnej rzeczywistości z heroizmem, determinacją i odwagą.

By osiągnąć ten stan ducha (kiedy trzeba stoczyć nierówną walkę i narazić się na cierpienie), wojownik powinien mieć świadomość tego, co może mu wyrządzić szkodę. Okakura Kakuso pisze w swej książce o japońskim rytuale parzenia herbaty:

„Dopatrujemy się niegodziwości u innych, bo wiemy, jakie zło sami możemy wyrządzić. Nie wybaczamy tym, którzy nas ranią, bo nie wierzymy, że ktoś mógłby nam wybaczyć. Mówimy bolesną prawdę najbliższym, ponieważ sami pragniemy ją przed sobą ukryć. Okazujemy siłę, by nikt nie widział naszej słabości.

Dlatego, gdy będziesz sądzić bliźniego, pamiętaj, że to ty stoisz przed sądem".

Czasem ta świadomość może uchronić nas przed starciem, które mogłoby przynieść same straty. W innych sytuacjach nie ma wyjścia, pozostaje nierówna walka.

Chociaż wiemy, że przegramy, wróg i odczuwana przemoc nie pozostawiają wyboru – poza tchórzostwem, ale to przecież nie wchodzi w rachubę. Wówczas trzeba pogodzić się z losem i zapamiętać piękne słowa z *Bhagavada – Gity* (rozdział II, 16–26):

„Człowiek nie rodzi się ani nie umiera. Przychodząc na świat, nie przestaje się odradzać, gdyż jest wieczny i trwa nieprzerwanie.

Tak jak człowiek pozbywa się starego ubrania i przywdziewa nowe, tak dusza opuszcza stare ciało i zamieszkuje w nowym.

Jest bowiem nieśmiertelna; nie potną jej miecze, nie strawi ogień, nie zmoczy woda, nie osuszy wiatr. Znajduje się poza wszelką władzą.

Jeśli więc człowieka nie można zniszczyć, to on jest zwycięzcą (nawet gdy ponosi klęskę) i dlatego nie wolno nam nigdy rozpaczać".

W sercu wojny

Reżyser filmowy Rui Guerra opowiedział mi, jak któregoś wieczoru siedział z przyjaciółmi w domu, gdzieś w głębi Mozambiku. Wokół toczyła się wojna i brakowało dosłownie wszystkiego – od benzyny po elektryczność.

Aby zabić czas, zaczęli opowiadać, co lubią jeść. Każdy opisywał swoje ulubione danie, aż przyszła kolej na reżysera.

– Chciałbym zjeść jabłko – powiedział, dobrze wiedząc, że było to niemożliwe z powodu braków w zaopatrzeniu.

W tej samej chwili usłyszeli hałas i wprost pod jego nogi potoczyło się błyszczące, piękne, soczyste jabłko!

Potem Rui dowiedział się, że mieszkająca tam dziewczyna poszła po owoce na czarny rynek.

Wchodząc po schodach, potknęła się i upadła, torba ze zdobytymi jabłkami pękła i jedno z nich wtoczyło się do pokoju.

Przypadek? Słowo chyba zbyt proste, by wytłumaczyć tę historię.

Żołnierz w lesie

Kiedyś w Pirenejach wspinałem się ścieżką w poszukiwaniu miejsca, gdzie mógłbym poćwiczyć z łukiem i strzałą, gdy natknąłem się na małe obozowisko francuskich żołnierzy. Zaczęli mi się przyglądać, ale udałem, że ich nie widzę (wszyscy mamy na tym punkcie bzika, boimy się, że ktoś posądzi nas o szpiegostwo), i poszedłem dalej.

Znalazłem idealne miejsce, zacząłem rozluźniające ćwiczenia oddechowe, a tu nagle w moją stronę jedzie opancerzony wóz.

Poczułem się osaczony i zacząłem gorączkowo wymyślać odpowiedzi na pytania, które mogliby mi zadać. Mam pozwolenie na posiadanie łuku, miejsce jest bezpieczne, jedyną władzą, która może mieć jakieś zastrzeżenia, jest nadleśnictwo, a nie wojsko itd. Z auta wyskakuje pułkownik i pyta, czy to ja jestem tym pisarzem, i zaczyna opowiadać ciekawostki o okolicy.

Po pewnym czasie przełamuje widoczną nieśmiałość, przyznaje się, że napisał książkę, i opowiada ciekawą historię o tym, jak powstała.

Razem z żoną wspierali finansowo trędowate dziecko w Indiach, które po pewnym czasie przeniesiono do Francji. Chcąc poznać dziewczynkę, pojechali do klasztoru, gdzie mieszkała pod opieką zakonnic. Spędzili piękne popołudnie, w końcu jedna z sióstr spytała go, czy nie zechciałby pomóc w katechizacji znajdujących się tam dzieci. Jean Paul Sétau (bo tak nazywał się żołnierz) odparł, że nie ma żadnego doświadczenia w uczeniu religii, ale że pomodli się i spyta Pana Boga, co ma robić.

Tego wieczoru po modlitwie usłyszał wskazówkę: „Zamiast dawać odpowiedzi dowiedz się, co dzieci chcą wiedzieć".

Wtedy Sétau wpadł na pomysł, aby odwiedzić różne szkoły i poprosić uczniów o spisanie wszystkiego, co chcieliby wiedzieć o życiu. Poprosił o pytania w formie pisemnej, by mogli się wypowiedzieć także najbardziej nieśmiali. Efekty tej pracy zebrał w książce *O dziecku, które chce wszystko wiedzieć* (Ed. Altess, Paris).

A oto kilka pytań:

Dokąd idziemy po śmierci?
Dlaczego boimy się obcokrajowców?

Czy istnieją Marsjanie i istoty pozaziemskie?
Dlaczego nieszczęścia przytrafiają się również wierzącym w Boga?
Co znaczy Bóg?
Dlaczego się rodzimy, jeśli na koniec musimy umrzeć?
Ile gwiazd jest na niebie?
Kto wymyślił szczęście i wojnę?
Czy Pan wysłuchuje także tych, którzy nie wierzą w Boga (katolickiego)?
Dlaczego istnieją biedni i chorzy?
Dlaczego Bóg wymyślił komary i muchy?
Dlaczego nie ma przy nas anioła stróża, gdy jesteśmy smutni?
Dlaczego jednych kochamy, a innych nienawidzimy?
Kto nazwał kolory?
Jeśli moja mama umarła i jest w niebie razem z Panem Bogiem, to jak to możliwe, że On żyje?

Mam nadzieję, że nauczyciel lub rodzic czytający te słowa zechce powtórzyć pomysł. W ten sposób, zamiast narzucać wizję naszego dorosłego świata, przypomnimy sobie własne pytania z dzieciństwa, na które tak naprawdę do dziś nie znaleźliśmy odpowiedzi.

W niemieckim mieście

– Spójrz, jaki ciekawy zabytek – powiedział Robert.

Jest późna jesień, zachodzi słońce. Znajdujemy się w niemieckim mieście Saarbrück.

– Nic nie widzę – mówię. – Tylko pusty plac.

– Jest pod twoimi nogami – upiera się Robert.

Patrzę w dół, ziemia wyłożona jest równej wielkości płytami, nie ma żadnych napisów. Nie chcę urazić mojego przyjaciela, ale niczego nie widzę.

Robert wyjaśnia:

– To niewidzialny pomnik. Na odwrotnej stronie każdej płyty jest wyryta nazwa miejscowości, w której zginęli Żydzi. Stworzyli go bezimienni artyści podczas drugiej wojny światowej. Budowali plac, w miarę jak wychodziły na jaw nowe miejsca masowej zagłady. Choć nikt tego nie widział, powstawało świadectwo prawdy o przeszłości, którą odkryto dopiero z czasem.

Spotkanie w Galerii Dentsu

W moim hotelu w Tokio pojawili się trzej eleganccy panowie.

– Wczoraj miał pan odczyt w Galerii Dentsu – odezwał się jeden z nich. – Wszedłem tam przez przypadek. Akurat mówił pan, że żadne spotkanie nie jest przypadkowe. Myślę, że powinniśmy się przedstawić.

Nie pytałem, skąd wiedzieli, gdzie się zatrzymałem, bo jeśli ktoś zadaje sobie tyle trudu, by pokonać takie przeszkody, zasługuje na szacunek. Jeden z nich wręczył mi kilka książek wykaligrafowanych po japońsku. Moja tłumaczka była zaskoczona. Naszym gościem był Kazuhito Aida, syn wielkiego japońskiego poety, o którym jednak nigdy dotąd nie słyszałem.

I właśnie dzięki zbiegowi okoliczności miałem możność poznać, przeczytać, a teraz przedstawić czytelnikom dzieło Mitsuo Aidy (1924–1991), kaligrafa i poety, którego teksty przypominają, jak wielkie znaczenie ma pojęcie niewinności.

* * * * *

Przeżywszy życie w pełni,
suchy kłos przyciąga wzrok przechodnia.
Kwiaty ledwie kwitną,
choć robią to najlepiej, jak potrafią.
Ukryta przed wzrokiem w dolinie biała lilia
nikomu nie musi się tłumaczyć;
żyje tylko dla swego piękna.
Lecz dla człowieka „tylko" to za mało.

* * * * *

Gdyby pomidor chciał się zmienić w melon,
Byłby farsą, niczym więcej.
Dziwi mnie bardzo,
jak wielu ludzi traci czas,
By stać się tym, kim nie jest;
Czy to śmieszne grać w farsie?

* * * * *

Nie musisz udawać, że jesteś silny,
nie musisz mówić, że wszystko jest dobrze,
nie martw się tym, co pomyślą inni,
jeśli musisz, płacz –
to dobrze wypłakać łzy do końca
(tylko wtedy wróci uśmiech).

Czasem widzę w telewizji transmisję z otwarcia tunelu lub mostu. Zwykle wygląda to następująco: tłum sławnych ludzi i miejscowych notabli ustawia się w szeregu, pośrodku staje minister albo przedstawiciel lokalnych władz. Przecinają wstęgę, a kiedy dyrektor budowy wraca do biura, znajduje na biurku listy z gratulacjami i wyrazami uznania.

Nigdy nie ma tam ludzi, którzy harowali w pocie czoła, z łopatami, kilofami, wymęczeni nadmiarem pracy latem i wystawieni na chłód zimą, żeby tylko wykonać plan. Okazuje się, że najwięcej korzyści mają ci, którym nie spłynęła z twarzy kropla potu.

Zawsze staram się dostrzec nieobecnych, ludzi, którzy nie szukają rozgłosu i uznania, w milczeniu wypełniających zadanie wyznaczone im przez życie.

Chciałbym być podobny do nich, bo to, co w życiu najważniejsze, co nas tworzy, zawsze pozostaje w ukryciu.

Rozważania o 11 września 2001 roku

Dopiero teraz, po kilku latach, postanowiłem napisać o tamtych wydarzeniach. Unikałem tego tematu świeżo po tragedii, uznawszy, że każdy ma prawo sam przemyśleć konsekwencje zamachu.

Zwykle trudno pogodzić się z myślą, że tragedia może w jakiś sposób obrócić się w dobro. Kiedy z przerażeniem patrzyliśmy na relacje przypominające raczej film *science fiction*, na wieżowce walące się wraz z tysiącami osób w środku, odczuwaliśmy dwa rodzaje emocji: bezradność i strach wobec tego, co się dzieje. Byliśmy przekonani, że świat już nigdy nie będzie taki sam jak przedtem.

Rzeczywiście, świat już nigdy nie będzie taki sam. Jednak czy po tylu rozważaniach na temat tamtych wydarzeń nadal mamy wrażenie, że ci wszyscy ludzie zginęli na marne? Czy pod gruzami World Trade Center jest jeszcze coś poza śmiercią, pyłem i powykręcanymi kawałkami stali?

Myślę, że każdy człowiek w pewnym momencie życia styka się z tragedią; zniszczenie miasta, śmierć dziecka, niesprawiedliwe oskarżenie, niespodziewana choroba zakończona trwałym kalectwem. Życie jest nieustannym ryzykiem i kto o tym zapomina, nigdy nie będzie przygotowany na wyzwania losu. Jeśli podczas naszej wędrówki nieuniknione jest doświadczanie bólu, powinniśmy odnaleźć sens w tym, co nas spotyka, przezwyciężyć strach i zacząć odbudowę.

Pierwszym nieodzownym krokiem w obliczu cierpienia i niepewności jest akceptacja. Nie możemy udawać, że nas nie dotyczą, nie wolno też traktować ich jak kary, gdyż pogłębia to nasze poczucie winy. Pod gruzami World Trade Center znaleźli się ludzie tacy jak my, żyjący w poczuciu bezpieczeństwa lub nieszczęśliwi, spełnieni lub walczący o swą dojrzałość, z czekającą w domu rodziną, a może przytłoczeni samotnością wielkiego miasta. Amerykanie, Anglicy, Niemcy, Brazylijczycy, ludzie z całego świata złączeni wspólnym, niepojętym losem, gdy o 9.00 znaleźli się w jednym miejscu – dla jednych pięknym, dla innych przytłaczającym. Gdy zawaliły się dwie wieże, zginęli nie tylko ci, którzy się tam znajdowali, ale po części umarliśmy i my, a cały świat zamarł z przerażenia.

Gdy stajemy w obliczu wielkiej straty, materialnej, duchowej, psychologicznej, musimy pamiętać, czego uczyli nas mędrcy: bądźmy cierpliwi i świadomi tego, że wszystko w życiu przemija. Wychodząc z tego założenia, inaczej spojrzymy na wyznawane wartości. Jeśli w przyszłości świat przestanie być miejscem bezpiecznym, dlaczego nie wykorzystać tej nagłej zmiany, by podjąć ryzyko i zrobić to, o czym zawsze marzyliśmy, ale brakowało nam odwagi? Iluż ludzi 11 września znalazło się w World Trade Center wbrew swej woli, siląc się na karierę niezgodną z ich potrzebami i wykonując pracę, której nie lubili, tylko dlatego, że pozwalała im znaleźć się w bezpiecznym miejscu dającym gwarancję zarobku i pewnej emerytury na starość?

To była wielka zmiana dla całego świata, a ludzie pogrzebani pod zgliszczami dwóch wieżowców skłonili nas do przemyślenia wyznawanych wartości. Walące się wieże pogrzebały marzenia i nadzieje, ale otworzyły horyzont, zmuszając nas do zastanowienia się nad sensem życia. Teraz kluczowe znaczenie ma nasza postawa.

Przytoczę historię, która zdarzyła się tuż po zbombardowaniu Drezna. Pewien człowiek, idąc wśród zgliszcz, spotkał trzech pracujących robotników.

– Co robicie? – spytał.

Stojący najbliżej odwrócił się:

– Nie widzisz? Usuwam kamienie!

– Nie widzisz? – odezwał się drugi. – Zarabiam na życie!

– Nie widzisz? – odparł trzeci robotnik. – Odbudowuję katedrę!

Choć wszyscy trzej robili to samo, tylko jeden był świadomy prawdziwej wagi swej pracy. Miejmy nadzieję, że po 11 września 2001 roku zdołamy podnieść się ze zgliszcz uczuć, by wznieść katedrę, o której zawsze marzyliśmy, lecz nie mieliśmy odwagi stworzyć.

Boskie znaki

Isabelita opowiedziała mi następującą legendę:

Pewien stary Arab analfabeta co noc tak żarliwie się modlił, że bogaty właściciel wielkiej karawany postanowił wezwać go do siebie.

– Jak możesz modlić się z taką wiarą? Skąd wiesz, że Bóg istnieje, jeśli nie umiesz nawet czytać?

– Umiem czytać, panie. Czytam wszystko, co pisze nasz Wielki Ojciec Niebieski.

– Jak to możliwe?

Skromny sługa zaczął tłumaczyć:

– Panie, gdy otrzymujesz list od dawno niewidzianej osoby, jak rozpoznasz, że ona go napisała?

– Po piśmie.

– Gdy dostajesz klejnot, skąd wiesz, kto go zrobił?

– Widzę pieczęć złotnika.

– Kiedy słyszysz kroki zwierząt chodzących wokół namiotu, jak rozpoznasz, czy to baran, koń czy byk?

– Po śladach – odparł właściciel, zdziwiony tym wywodem.

Bogobojny starzec wyprowadził go przed namiot i wskazał niebo.

– Panie, ani to, co tam w górze, ani pustynia tu na dole – nic z tych rzeczy nie mogło być napisane ludzką ręką.

Samotność w drodze

Życie przypomina wielki wyścig kolarski, którego celem jest przeżyć swoją własną historię, a więc to, co w dawnych czasach alchemicy uznawali za nasze prawdziwe powołanie na ziemi.

Na starcie jesteśmy wszyscy razem, w poczuciu braterstwa, dzieląc entuzjazm. Jednak gdy rozpoczyna się bieg, początkowa radość ustępuje prawdziwym wyzwaniom: zmęczeniu, monotonii, zwątpieniu we własne siły. Widzimy, że niektórzy przyjaciele w głębi serca już zwątpili – jeszcze jadą, lecz tylko dlatego, że nie mogą zatrzymać się na środku drogi. Z czasem grupa ta staje się coraz liczniejsza, wszyscy próbują jechać jak najbliżej samochodu technicznego, zwanego także codziennością. Rozmawiają ze sobą, wypełniają obowiązki, lecz zapominają o pięknie drogi i wyzwaniach.

Po pewnym czasie zostawiamy ich w tyle i musimy zmierzyć się z samotością, niespodziewanymi i nieznanymi zakrętami, usterkami roweru. Wreszcie, po kolejnym upadku, gdy obok nie ma nikogo do pomocy, zadajemy sobie pytanie, czy warto się tak wysilać.

Tak, warto, tylko nie wolno się poddawać. Ojciec Alan Jones mówi, że nasza dusza może pokonać wszelkie przeszkody dzięki czterem niewidzialnym siłom: miłości, śmierci, władzy i czasowi.

Musimy kochać, ponieważ jesteśmy kochani przez Boga.

Musimy mieć świadomość śmierci, by dobrze zrozumieć życie.

Musimy walczyć, by dorosnąć, ale nie możemy dać się zwieść władzy, która przychodzi z wiekiem, gdyż wiemy, że nie jest nic warta.

Wreszcie, musimy pogodzić się z myślą, że choć nasza dusza jest nieśmiertelna, tu i teraz tkwi uwięziona w sidłach czasu, wraz ze swymi możliwościami i ograniczeniami. Dlatego w naszym samotnym wyścigu kolarskim musimy działać, pamiętając o czasie, cenić każdą sekundę, odpoczywać, gdy to konieczne, lecz wciąż dążyć ku boskiej światłości, nie zważając na chwile zwątpienia.

Czterech sił nie należy traktować jak problemów, które trzeba rozwiązać, gdyż są one poza wszelką kontrolą. Powinniśmy je zaakceptować i pozwolić, by nauczyły nas tego, czego jeszcze nie umiemy.

Żyjemy we wszechświecie, który jest wystarczająco wielki, by nas ogarnąć, a jednocześnie na tyle mały, by zmieścić się w sercu. W duszy człowieka zawiera się dusza całego świata, milcząca mądrość. Gdy jedziemy rowerem w stronę mety, musimy zadać sobie pytanie: „Dlaczego dzisiejszy dzień jest taki piękny?". Może świeci słońce, a nawet jeśli pada deszcz, to wkrótce czarne chmury znikną. Chmury rozwieją się, ale słońce pozostanie i nigdy nie zniknie. Pamiętajmy o tym, szczególnie w chwilach samotności.

Kiedy nadal będzie nam bardzo ciężko, nie zapominajmy, że człowiek wszystko to już przeżył, niezależnie od rasy, koloru skóry, pozycji społecznej, wiary, kultury. W pięknym kazaniu mistrz sufizmu Dhu'l Nun (Egipcjanin zmarły w 861 roku) trafnie pisze o potrzebie zachowania pozytywnej postawy w takich chwilach:

„O Panie, gdy wsłuchuję się w odgłosy zwierząt, szelest drzew, szmer wody, świergot ptaków, szum wiatru, dudnienie grzmotów, odnajduję w nich świadectwo Twej niepodzielności, czuję, żeś wszechwładny, wszechwiedzący, żeś mądrością największą i sędzią ostatecznym.

O Panie, rozpoznaję Cię w próbach, którym mnie poddajesz. Pozwól, Panie, by Twoje zadowolenie stało się moim, bym był Twą radością, radością, którą w Ojcu budzi syn, abym pamiętał o Tobie z żarliwością, ale i spokojem, także wtedy kiedy trudno mi przyznać, że Cię kocham".

Co śmiesznego jest w człowieku

Jakiś pan spytał mojego przyjaciela Jaime Cohena:

– Proszę mi powiedzieć, co jest najśmieszniejsze w ludziach.

Cohen odpowiedział:

– Zawsze myślą na odwrót: spieszy im się do dorosłości, a potem wzdychają za utraconym dzieciństwem. Tracą zdrowie, by zdobyć pieniądze, potem tracą pieniądze, by odzyskać zdrowie.

Z troską myślą o przyszłości, zapominając o chwili obecnej, i w ten sposób nie przeżywają ani teraźniejszości, ani przyszłości.

Żyją, jakby nigdy nie mieli umrzeć, a umierają, jakby nigdy nie żyli.

Pośmiertna podróż dookoła świata

Zawsze zastanawiałem się, co się dzieje z tym wszystkim, co zostawiamy po sobie w różnych miejscach na ziemi. Kiedyś obciąłem sobie włosy w Tokio, paznokcie w Norwegii, widziałem, jak krwawi mi rana, gdy wdrapywałem się na górę we Francji. W mojej pierwszej książce *Os Arquivos do Inferno* zastanawiałem się, jak by to było, gdybyśmy musieli w różnych miejscach świata zostawić cząstkę siebie, by w przyszłym życiu móc natknąć się na coś znajomego.

Ostatnio we francuskiej gazecie „Le Figaro" przeczytałem artykuł autorstwa Guy Barreta o prawdziwym, choć skrajnym przypadku ilustrującym ten pomysł.

Chodziło o pewną Amerykankę, która całe życie spędziła w mieście Medford w stanie Oregon. W późnym wieku zapadła na chorobę wieńcową, ta zaś przyczyniła się do powstania rozedmy płuc. Kobieta całe dnie spędzała zamknięta w pokoju, podłączona do butli tlenowej. Sam fakt wydawał się męczarnią, lecz przypadek Very był tragiczniejszy, ponieważ zawsze marzyła o podróży dookoła świata. Przez całe życie oszczędzała, by na emeryturze zrealizować swoje marzenie.

Udało się przewieźć Verę do stanu Kolorado, by resztę dni spędziła u boku syna Rossa. Nim wyruszyła w ostatnią drogę – drogę, z której się nie wraca – podjęła decyzję. Ponieważ nie zdążyła zwiedzić świata za życia, postanowiła udać się w podróż po śmierci.

Ross poszedł do miejscowego notariusza, by spisać testament matki: po śmierci chce poddać się kremacji. Początek brzmiał zwyczajnie, lecz był dalszy ciąg: jej prochy miały spocząć w 241 małych paczkach, te z kolei należało wysłać do kierowników poczty w 50 stanach oraz do 191 krajów świata. Tym sposobem przynajmniej cząstka jej ciała mogła znaleźć się w miejscach, które umierająca kobieta zawsze chciała odwiedzić.

Gdy Vera odeszła, Ross spełnił ostatnią wolę matki z pieczołowitością, jakiej oczekuje się od syna. Do każdej paczuszki dołączony był list z prośbą o godny pochówek dla matki.

Wszyscy, którzy otrzymali przesyłkę z prochami

Very Anderson, z powagą potraktowali prośbę Rossa. Cztery strony świata połączył milczący łańcuch solidarności, w którym anonimowi ludzie dobrej woli organizowali ceremonie według najróżniejszych rytuałów, zawsze jednak mając na uwadze miejsce, o którym marzyła zmarła kobieta.

W ten sposób prochy Very spoczęły w jeziorze Titicaca w Boliwii, zgodnie z prastarą tradycją Indian Ajmara, w rzece przepływającej obok pałacu w Sztokholmie, na wybrzeżu Choo Praya w Tajlandii, w japońskiej świątyni sinto, na lodowcu Antarktydy, na Saharze. Siostry miłosierdzia z pewnego sierocińca w Ameryce Południowej (nie napisano, w jakim kraju) przez tydzień modliły się, nim rozrzuciły jej prochy w ogrodzie, po czym ogłosiły Verę Anderson ich aniołem stróżem.

Ross Anderson dostał zdjęcia z pięciu kontynentów, od ludzi wszystkich ras, kultur, kobiet i mężczyzn, którzy spełnili ostatnią wolę jego matki. Kiedy widzimy, jak podzielony jest dzisiejszy świat i wydaje nam się, że nikogo nic nie obchodzi, ostatnia podróż Very Anderson napełnia wiarą, że w ludzkich sercach jest jeszcze miejsce na szacunek, miłość i hojność, niezależnie od dzielącej nas odległości.

Kto chce ten banknot?

Cassan Said Amer opowiedział mi historię o pewnym wykładowcy. Trzymając w ręku dwudziestodolarowy banknot, rozpoczął zajęcia od pytania:

– Czy ktoś chce ten dwudziestodolarowy banknot?

Podniósł się las rąk, lecz wykładowca dodał:

– Zanim go oddam, muszę jeszcze coś zrobić – po czym zmiął go z całej siły. – Czy ktoś nadal go chce?

Wciąż widać było podniesione ręce.

– A jeśli zrobię to? – spytał, po czym cisnął nim o ścianę, zaczął obrzucać wyzwiskami i deptać. Wreszcie podniósł zabrudzony, sponiewierany pieniądz i powtórzył pytanie. Nadal w górze było mnóstwo rąk.

– Nigdy nie zapomnijcie tego, co widzieliście –

powiedział wykładowca. – Niezależnie od tego, co zrobię z tym banknotem, zawsze będzie wart dwadzieścia dolarów. W życiu często bywamy poniewierani, deptani, upokarzani i obrażani, a mimo to wciąż jesteśmy tyle samo warci.

Dwa klejnoty

Ojciec Marcos Garcia z zakonu cystersów w hiszpańskim Burgos mówi:

„Czasem Bóg odbiera określoną łaskę, by człowiek zrozumiał Go, niezależnie od darów i próśb. Bóg wie, jak długo może poddawać duszę próbie, i nigdy nie posuwa się dalej.

W takich chwilach nie mówmy więc: »Pan Bóg mnie opuścił«. On tego nigdy nie zrobi, to my Go czasem opuszczamy. Jeśli Bóg stawia przed nami wielkie wyzwania, daje także potrzebne łaski, powiem więcej – daje nam aż nadto, byśmy mogli im sprostać".

Tego właśnie dotyczy historia „Dwa klejnoty", którą opowiedziała mi w liście czytelniczka Camila Galvão Piva.

Pewien bogobojny rabin żył szczęśliwie ze swą rodziną. Miał wspaniałą żonę i dwoje ukochanych dzieci. Kiedyś w związku ze swoją pracą musiał długo przebywać poza domem. Podczas jego nieobecności dzieci zginęły w wypadku samochodowym.

Osamotniona matka cierpiała w milczeniu. Była silną, głęboko wierzącą kobietą, ufającą Bogu, więc przetrwała tragedię z godnością i odwagą. Jednak jak miała przekazać mężowi smutną wiadomość? Mimo że również był człowiekiem głębokiej wiary, to nieraz przebywał w szpitalu z powodu kłopotów z sercem. Żona obawiała się, że wiadomość o tragedii spowoduje jego zgon.

Postanowiła więc pomodlić się do Boga o radę, jak postąpić. Dzień przed powrotem męża żarliwie się modliła i otrzymała łaskę odpowiedzi.

Następnego dnia wrócił rabin, długo witał się z żoną, po czym spytał o dzieci. Powiedziała, by się nie martwił, wziął kąpiel i odpoczął.

Po godzinie czy dwóch zasiedli do obiadu. Żona wypytywała o szczegóły podróży, on opowiadał o swoich przeżyciach, o miłosierdziu Boga, lecz po chwili znów spytał o dzieci.

Żona, nieco zdenerwowana, odparła:

– Zostaw dzieci, potem się nimi zajmiemy. Najpierw musisz mi pomóc rozwiązać pewną trudną sprawę.

Zaniepokojony mąż spytał:

– Co się stało? Zauważyłem, że jesteś przygnębiona. Powiedz, co ci leży na sercu, a jestem pewien, że z bożą pomocą rozwiążemy problem.

– Kiedy cię nie było, przyszedł nasz przyjaciel i poprosił, bym przechowała dla niego dwa bezcenne klejnoty. Są bardzo drogie. Nigdy nie widziałam równie pięknych. Przyjdzie po nie, a ja nie czuję się na siłach, by je oddać, tak się do nich przywiązałam.

– Moja droga! Nie rozumiem, jak możesz tak się zachowywać. Nigdy nie byłaś próżna.

– Bo nigdy nie widziałam czegoś równie pięknego. Nie umiem pogodzić się z myślą, że je stracę.

– Nie można stracić czegoś, czego się nie posiada. Jeśli je zatrzymasz, to tak, jakbyś je ukradła! Oddamy je, a ja pomogę ci uporać się z ich stratą. Zrobimy to razem, jeszcze dzisiaj.

– Dobrze, kochanie, będzie, jak zechcecz. Tak naprawdę już je oddałam. Te klejnoty to nasze dzieci. Bóg powierzył je nam i kiedy ciebie nie było, przyszedł je odebrać. Odeszły...

Rabin w mig wszystko pojął. Objął żonę i razem gorzko zapłakali. Zrozumiał jednak przesłanie i od tej pory wspólnie walczyli, by przezwyciężyć ból.

Oszukiwanie samego siebie

W ludzkiej naturze leży surowe ocenianie innych ludzi, ale gdy los pokrzyżuje nam plany, znajdujemy usprawiedliwienie dla zła, które wyrządziliśmy innym, lub złorzeczymy najbliższym, obwiniając ich za nasze błędy. Dobrze ilustruje to przytoczona niżej opowieść.

Posłańca wysłano z pilną misją do odległego miasta. Osiodłał konia i popędził w drogę. Kiedy koń zobaczył, że mijają kolejne gospody, w których zazwyczaj zatrzymywał się na popas, pomyślał: „Skoro nie zatrzymaliśmy się w żadnej stajni, to znaczy, że mój pan nie traktuje mnie już jak konia, ale jak człowieka. Tak jak on mam nadzieję najeść się do syta w najbliższym mieście".

Mijali jednak duże miasta, a jeździec jechał dalej.

Koń pomyślał sobie: „Może nie zmieniłem się w człowieka, lecz w anioła, bo tylko anioły nie muszą jeść".

Wreszcie dotarli do celu podróży i wierzchowca zaprowadzono do stajni, gdzie z wielkim apetytem zjadł leżące tam siano.

„Czy warto wierzyć, że jeśli coś nie toczy się ustalonym trybem, oznacza zmianę? Nie jestem ani człowiekiem, ani aniołem, tylko zwykłym, zgłodniałym koniem".

Sztuka próbowania

Oto zdanie wypowiedziane przez Pabla Picassa: „Bóg jest nade wszystko artystą. Stworzył żyrafę, słonia, mrówkę. W istocie nigdy nie naśladował jednego stylu – po prostu robił to, na co miał ochotę".

Chodzimy wytyczonymi ścieżkami, lecz gdy rozpoczynamy podróż w inną stronę niż wszyscy i realizujemy swoje marzenia, ogarnia nas wielki strach, bo zdaje nam się, że zboczenie z utartej drogi prowadzi na manowce. A przecież nasze życie jest jedyne w swoim rodzaju, nie istnieje jeden wzorzec „poprawności". Skoro Bóg stworzył żyrafę, słonia i mrówkę, a my staramy się żyć na Jego wzór i podobieństwo, to dlaczego mielibyśmy naśladować jeden wzorzec? Wzorce pomagają uniknąć głupich błędów, które popełnili inni, ale zwykle ograniczają i zmuszają do powtarzania tego, co robią wszyscy.

Być w porządku oznacza nosić krawat dopasowany do skarpet. To znaczy czuć się w obowiązku mieć jutro to samo zdanie, co wczoraj. A gdzie zmieniający się wokół świat?

O ile nie krzywdzisz tym innych, możesz czasem zmienić zdanie i nie wstydź się, że w ten sposób sam sobie przeczysz. Masz do tego prawo i nieważne, co pomyślą inni, bo zawsze coś pomyślą.

Gdy podejmujemy działanie, pojawiają się problemy. Stare powiedzenie kucharzy mówi: „Aby zrobić omlet, trzeba rozbić jajko". Pojawienie się nieoczekiwanych konfliktów jest rzeczą naturalną. Normalne są zranienia, które powstają w wyniku starć. Jednak rany się goją i zostają tylko blizny.

To wielki dar. Blizny towarzyszą nam przez całe życie i są bardzo pomocne. Gdy w jakimś momencie – przez wygodnictwo lub z innego powodu – chcielibyśmy wrócić do przeszłości, wystarczy na nie spojrzeć.

Blizny obnażą ślady po kajdankach, przypomną o koszmarze więzienia i pomogą iść naprzód.

Dajmy sobie czas. Pozwólmy, aby wszechświat krążył wokół nas, czerpmy radość z tego, że możemy samych siebie zaskakiwać. Święty Paweł mówi: „Bóg wybrał to, co szalone, by zawstydzić mędrców".

Wojownik światła widzi, że niektóre chwile w życiu się powtarzają. Widzi, że często natyka się na te same problemy i stawia czoło sytuacjom, z którymi musiał radzić sobie wcześniej.

Ogarnia go zwątpienie. Myśli, że się nie rozwija, gdyż spotyka te same przeszkody, z którymi się kiedyś zetknął.

„Już przez to przechodziłem" – skarży się sercu.

„Rzeczywiście – odpowiada serce. – Ale jeszcze sobie z tym nie poradziłeś".

Wojownik zaczyna wierzyć, że powtarzalność doświadczeń ma sens, gdyż uczy go rzeczy, których jeszcze nie pojął. Dlatego w każdej kolejnej walce szuka innego rozwiązania. Jego błędy nie są klęskami, lecz krokami na drodze do spotkania z samym sobą.

O pułapkach poszukiwań

Gdy zaczynamy przywiązywać większą wagę do spraw duchowych niż do materialnych, zwykle pojawia się nowe zjawisko: brak tolerancji wobec poszukiwań duchowych innych ludzi. Codziennie dostaję gazety, e-maile, listy i broszury, w których ktoś stara się udowodnić, że jego droga rozwoju jest lepsza od innej, gdyż prowadzi do „objawienia". Widząc rosnący stos korespondencji, postanowiłem napisać parę słów o tej groźnej, moim zdaniem, tendencji.

Mit pierwszy: umysł wszystko uzdrowi. To nieprawda, a chciałbym to udowodnić, przytaczając pewną historię. Parę lat temu moja znajoma, od dawna zaangażowana w duchowe poszukiwania, miała gorączkę i czuła się bardzo źle. Przez całą noc próbowała podporządkować myślom swoje ciało, używając wszystkich technik, jakie poznała, by wyleczyć się tylko przy pomocy siły umysłu. Następnego dnia zaniepokojone dzieci poprosiły ją, by poszła do lekarza, ale ona odmawiała, powtarzając, że próbuje „oczyścić" duszę. Dopiero gdy sytuacja wymknęła się spod kontroli, zgodziła się pójść do szpitala, gdzie od razu trzeba było ją operować. Diagnoza: wyrostek. Bądźmy więc ostrożni, czasem lepiej poprosić Boga, by pokierował ręką lekarza, niż leczyć się samemu.

Mit drugi: czerwone mięso tłumi boskie światło. To oczywiste, że wyznając daną religię, musimy szanować ustalone prawa – na przykład żydzi i muzułmanie nie jedzą wieprzowiny. Chodzi więc o zwyczaj wynikający z wiary. Jednak obecnie świat zalewa moda na „oczyszczającą" żywność. Radykalni wegetarianie patrzą na ludzi jedzących mięso jak na winnych uśmiercania zwierząt. A czy rośliny nie są żywe? Natura to powtarzający się cykl życia i śmierci; któregoś dnia my także staniemy się częścią ziemi. Jeśli więc nie wyznajemy religii, która zabrania określonych pokarmów, jedzmy to, czego potrzebuje nasz organizm.

Przychodzi mi na myśl pewna historia związana z rosyjskim mistykiem Gurdiejewem. W młodości odwiedził swego mistrza i chcąc zrobić na nim wrażenie, jadł tylko warzywa. Któregoś wieczoru mistrz spytał, dlaczego przestrzega tak surowej diety. Gurdiejew odparł: „Chcę utrzymać ciało w czystości".

Mistrz zaśmiał się i kazał mu natychmiast przerwać te praktyki, gdyż w przeciwnym razie skończy jak kwiat w szklarni – nieskazitelny, lecz niezdolny przetrwać podróży czy innych trudów życia. Jezus mówił: „Złe jest nie to, co znika w ustach człowieka, lecz to, co z nich wychodzi".

Mit trzeci: Bóg znaczy poświęcenie. Wielu ludzi wybiera drogę wyrzeczeń i poświęcenia, uznając, że na tym świecie musimy cierpieć, by w życiu pośmiertnym zasłużyć na szczęście. Jednak jeśli ten świat jest darem od Boga, dlaczego nie mielibyśmy czerpać z niego tyle radości, ile daje nam życie? Przyzwyczailiśmy się do obrazu Chrystusa na krzyżu, lecz zapominamy, że Jego męka trwała zaledwie trzy dni. Resztę swego życia spędził, podróżując, spotykając się z ludźmi, jedząc, pijąc, szerząc tolerancję. Do tego stopnia, że Jego pierwszy cud był „politycznie niepoprawny". Gdy na weselu w Kanie Galilejskiej zabrakło trunków, przemienił wodę w wino. Według mnie zrobił to, by pokazać, iż nie ma niczego złego w poczuciu szczęścia, w radowaniu się i w zabawie – Bóg jest bardziej obecny, gdy jesteśmy wśród ludzi. Mahomet mówił: „Kiedy jesteśmy nieszczęśliwi, przenosimy nieszczęście na naszych przyjaciół". Po okresie prób i postu Budda był tak słaby, że gdyby nie pewien pasterz, byłby się utopił. Potem prorok zrozumiał, że wyrzeczenia i osamotnienie oddalają go od cudu, jakim jest życie.

Mit czwarty: do Boga prowadzi jedna droga. To najniebezpieczniejszy ze wszystkich mitów. Wówczas zaczynają się próby wyjaśniania Wielkiej Tajemnicy, walki religijne, osądzanie bliźnich. Możemy wybrać sobie wyznanie (na przykład ja jestem katolikiem), ale musimy zaakceptować fakt, że nasz brat, obierając inną religię, ujrzy to samo światło, którego my szukamy poprzez nasze własne praktyki duchowe. Wreszcie, pamiętajmy, by pod żadnym pozorem nie obarczać księdza, rabina czy imama odpowiedzialnością za nasze decyzje. To my sami każdym swoim uczynkiem budujemy drogę do raju.

Mój teść Christiano Oiticica

Przed śmiercią mój teść wezwał rodzinę.

– Wiem, że śmierć jest tylko przejściem na drugą stronę – powiedział – i chciałbym tę drogę pokonać bez smutku. Abyście się nie martwili, dam wam znak, że za życia warto było pomagać innym.

Poprosił, by po śmierci skremować jego ciało, a prochy rozrzucić na plaży Arpoador* przy akompaniamencie jego ulubionej muzyki. Dwa dni później zmarł.

Znajomy pomógł nam załatwić kremację zwłok w São Paulo. Po powrocie do Rio wzięliśmy radio, kasety, urnę i poszliśmy na Arpoador. Gdy dotarli-

* Arpoador – plaża w Rio de Janeiro, obok słynnej Copacabany (przyp. tłum.).

śmy nad morze, okazało się, że wieko urny jest przykręcone śrubami. Próbowaliśmy ją otworzyć, ale na próżno.

W pobliżu nie było nikogo poza żebrakiem, który po chwili do nas podszedł.

– Jakiś problem? – zapytał.

Mój szwagier odparł:

– Potrzebny nam śrubokręt, żeby otworzyć urnę z prochami mojego ojca.

– Był chyba bardzo dobrym człowiekiem, bo właśnie coś znalazłem – powiedział żebrak.

I podał nam śrubokręt.

Dziękuję, Panie Prezydencie Bush

(Tekst został opublikowany w angielskojęzycznym portalu 8 marca 2003 roku, dwa tygodnie przed inwazją na Irak. Przez miesiąc był najpopularniejszym artykułem na temat wojny; przeczytało go około 500 milionów osób).

Dziękuję, wielki przywódco, Panie George'u Bush.

Dziękuję, że pokazał nam Pan, jakim zagrożeniem jest Saddam Husajn. W przeciwnym razie wielu z nas zapomniałoby, że użył broni chemicznej przeciw swemu narodowi, przeciw Kurdom, Irańczykom. Husajn jest krwawym dyktatorem, największym wcieleniem zła w czasach współczesnych.

Jednak to nie jedyny powód, by Panu dziękować. W ciągu pierwszych dwóch miesięcy 2003 roku uzmysłowił Pan światu wiele innych ważnych spraw, dlatego winien jestem Panu wdzięczność.

Dziękuję, że pokazał Pan, iż naród turecki oraz jego parlament nie są na sprzedaż, nawet za 26 bilionów dolarów.

Dziękuję, że ukazał Pan światu ogromną przepaść między decyzjami rządzących a pragnieniami zwykłych ludzi. Okazało się, że zarówno José Maria Aznar, jak i Tony Blair za nic mają oddane na nich głosy i niczym się nie przejmują. Aznar ignoruje fakt, że 90 procent Hiszpanów jest przeciwnych wojnie, a Blair zdaje się nie zauważać największych od trzydziestu lat manifestacji.

Dziękuję za Pańską nieustępliwość, która zmusiła Tony'ego Blaira do pojawienia się w angielskim parlamencie i przedstawienia raportu napisanego dziesięć lat wcześniej przez studenta. Miał on zawierać „niezbite dowody zebrane przez brytyjski wywiad".

Dziękuję, że wysłał Pan Collina Powella do Rady Bezpieczeństwa ONZ z dowodami oraz zdjęciami. Tym samym przyczynił się Pan do zdementowania ich tydzień później przez Hansa Bliksa, głównego inspektora odpowiedzialnego za rozbrojenie Iraku.

Dziękuję za Pańską postawę, która skłoniła francuskiego ministra spraw zagranicznych Dominique'a de Villepina do wygłoszenia antywojennego przemówienia, które Zgromadzenie nagrodziło brawami. O ile mi wiadomo, podobne zdarzenie miało miejsce w historii ONZ tylko raz, po wystąpieniu Nelsona Mandeli.

Dziękuję, ponieważ w ostatnim tygodniu lutego, podczas szczytu w Kairze, Pańskie dążenie do wojny doprowadziło podzielone zazwyczaj kraje arabskie do jednogłośnego potępienia inwazji.

Dziękuję, ponieważ Pańskie stwierdzenie: „ONZ ma szansę pokazać, że się liczy", skłoniło nawet najbardziej niezdecydowane kraje do przeciwstawienia się wojnie w Iraku.

Dziękuję, że przez swą politykę zewnętrzną skłonił Pan ministra spraw zagranicznych Jacka Strawa, by u progu XXI wieku przyznał, że „wojna może mieć uzasadnienie moralne", przez co stracił wszelką wiarygodność.

Dziękuję, że podzielił Pan walczącą o jedność Europę; tej lekcji nikt nie zlekceważy.

Dziękuję, że udało się Panu to, czego nie dokonał chyba nikt w ostatnim stuleciu: zjednoczył Pan miliony ludzi z różnych kontynentów w walce w imię jednej sprawy, choć innej niż Pańska.

Jestem wdzięczny, bo dzięki Panu znów czujemy, że nasze słowa – nawet jeśli niesłyszane – mogą przynajmniej być wypowiedziane, to nam dodaje sił.

Dziękuję, że nas Pan zlekceważył, zepchnął na margines wszystkich ludzi, którzy przeciwstawili się Pańskiej decyzji, pozbawiając ich prawa do decydowania o przyszłości Ziemi.

Dziękuję, gdyż bez Pana nie uświadomilibyśmy

sobie, jak sprawnie potrafimy się organizować. Być może w tej chwili nie jest to potrzebne, lecz kiedyś na pewno się przyda.

Teraz, gdy nie da się już uciszyć wojennych werbli, podpisuję się pod życzeniami, które dawno temu europejski król skierował do najeźdźcy: „Oby ten poranek był dla Ciebie piękny, oby słońce rozświetliło zbroje Twych żołnierzy, bo do wieczora zostaniesz pokonany".

Dziękuję, że dzięki Panu my wszyscy, rzesze anonimowych ludzi idący ulicami w proteście przeciw procesowi nie do powstrzymania, zobaczyliśmy naszą bezsilność, uporaliśmy się z nią i zmienili w czyn.

Niech Pan się cieszy chwałą poranka.

Dziękuję, żeś nas nie wysłuchał, nie potraktował serio, za to myśmy Cię słuchali i nie zapomnimy Twoich słów.

Dziękuję, wielki przywódco, Panie George'u W. Bush.

Dziękuję z całego serca.

Sprytny służący

Swego czasu pisarz Saint-Exupéry przebywał w bazie lotniczej na terenie Afryki. Zorganizował zbiórkę pieniędzy dla pracującego tam Marokańczyka, by mógł wrócić do swego rodzinnego miasta. Udało mu się zebrać tysiąc franków.

Jeden z pilotów odwiózł go do Casablanki, a po powrocie opowiedział, co się wydarzyło.

– Gdy tylko przyjechaliśmy, poszedł na obiad do najlepszej restauracji, na prawo i lewo rozdawał duże napiwki, wszystkim postawił po drinku, dzieciom z sąsiedztwa kupił zabawki. Pieniądze zupełnie się go nie trzymają.

– Wręcz przeciwnie – odezwał się Saint-Exupéry. – Wie, że najlepszą inwestycją są ludzie. Rozrzutnością zdobył uznanie ludzi ze swojej dzielnicy, którzy niebawem dadzą mu pracę. Tak hojnie zachowuje się tylko zwycięzca.

Trzecia pasja

W ciągu ostatnich piętnastu lat miałem trzy pochłaniające mnie bez reszty pasje – takie, dzięki którym czyta się literaturę fachową, odczuwa potrzebę rozmawiania na dany temat, szuka ludzi, którzy robią to samo, kładzie się spać i wstaje rano z tą samą myślą w głowie. Pierwszą pasję rozbudził we mnie zakup komputera. Pożegnałem się z maszyną do pisania i odkryłem wolność, jaką daje to urządzenie (piszę te słowa, siedząc w małej francuskiej wiosce, używając urządzenia, które waży zaledwie półtora kilograma i kryje w sobie dziesięć lat mojego zawodowego życia. Co więcej, w pięć minut odnajduję potrzebną mi informację). Druga pasja pojawiła się z chwilą, gdy po raz pierwszy wszedłem do Internetu, który już wówczas był największą biblioteką świata.

Moja trzecia pasja nie ma jednak nic wspólnego z rozwojem technologii. Chodzi bowiem o... łuk i strzałę. W młodości przeczytałem fascynującą książkę E. Herrigela *O szlachetnej sztuce łucznictwa zen* (Ed. Pensamento), w której autor opisywał swoje doświadczenia związane z tym sportem. Wspomnienie owej lektury tkwiło w mojej podświadomości do dnia, gdy będąc w Pirenejach, poznałem pewnego łucznika. Od słowa do słowa, w końcu pożyczył mi łuk i od tamtej chwili nie umiem obyć się bez strzelania do celu co najmniej raz dziennie.

W moim brazylijskim mieszkaniu stworzyłem sobie stanowisko do strzelania (które można w pięć minut rozłożyć na części, kiedy zjawiają się goście). Gdy jestem we francuskich górach, codziennie wychodzę poćwiczyć. Dwa razy wylądowałem w łóżku z powodu wyziębienia organizmu, gdy ponad dwie godziny ćwiczyłem w temperaturze –6°C. W tym roku mogłem wziąć udział w Forum Ekonomicznym w Davos tylko dzięki silnym środkom przeciwbólowym; dwa dni wcześniej z powodu złej pozycji nadwyrężyłem sobie ramię.

Jaki to ma sens? Strzelanie z łuku do celu nie jest niczym praktycznym, tego typu broni używano już 30 tysięcy lat przed Chrystusem. Jednak Herrigel, który zaszczepił we mnie tę pasję, dobrze wiedział, o czym mówi. Poniżej przytaczam kilka ważnych fragmentów z jego książki (które równie dobrze mogą mieć zastosowanie w całkiem codziennych sprawach).

„Kiedy poczujemy napięcie, powinniśmy spożytkować je na wykonanie jednej potrzebnej czynności; co do reszty, oszczędzajmy siły, nauczmy się (z łukiem w ręku), że jeśli chcemy coś osiągnąć, nie musimy przykładać do tego wielkiej siły, lecz koncentrować się na celu.

Mój mistrz dał mi bardzo twardy łuk. Spytałem, dlaczego na samym początku nauki traktuje mnie jak zawodowca. A on na to: »Kto zaczyna od rzeczy łatwych, nie jest przygotowany na wielkie wyzwania. Lepiej zawczasu wiedzieć, jakie trudności napotkamy po drodze«.

Bardzo długo oddawałem strzały bez odpowiedniego naciągnięcia łuku, aż do dnia, gdy mistrz nauczył mnie ćwiczeń oddechowych i wszystko stało się proste. Spytałem, dlaczego tak długo zwlekał, by mnie poprawić. Odparł: »Gdybym na początku nauczył cię ćwiczeń z oddychaniem, uznałbyś, że są niepotrzebne. Teraz uwierzysz mi i będziesz je powtarzał z przeświadczeniem, że są naprawdę ważne. Tak robi każdy, kto potrafi uczyć«.

Oddanie strzału następuje pod wpływem impulsu, ale przedtem trzeba dobrze poznać łuk, strzałę i cel. Bezbłędne trafienie w życiu też dokonuje się pod wpływem intuicji, lecz tylko wtedy możemy zapomnieć o technice, gdy ją perfekcyjnie opanujemy.

Po czterech latach, gdy opanowałem strzelanie, mistrz złożył mi gratulacje. Byłem zadowolony i stwierdziłem, że jestem w połowie drogi. »Nie –

rzekł mistrz. – Aby nie wpaść w zdradzieckie zasadzki, lepiej myśleć, że jest się w pół drogi, gdy w rzeczywistości przebyło się 90 procent«".

UWAGA! Strzelanie z łuku jest niebezpieczne. W niektórych krajach (na przykład we Francji) łuk uznawany jest za broń i można go używać jedynie po otrzymaniu specjalnego zezwolenia i tylko w wyznaczonych miejscach.

Katolik i muzułmanin

Podczas obiadu rozmawiałem z katolickim księdzem i muzułmańskim chłopcem. Kiedy kelner przechodził z tacą, wszyscy częstowali się, oprócz muzułmanina, który jak co roku pościł zgodnie z nakazami Koranu.

Po kolacji, gdy wszyscy wychodzili, jeden z gości nie mógł powstrzymać się od kąśliwej uwagi:

– Proszę, jacy wspaniali są ci muzułmanie! Jak to dobrze, że nie macie z nimi nic wspólnego.

– Owszem, mamy – odezwał się ksiądz. – Ten człowiek służy Bogu tak jak my. Robi to jedynie według innych praw. – I dodał: – Szkoda, że ludzie spostrzegają tylko dzielące ich różnice. Gdyby patrzyli z większą miłością, zobaczyliby rzeczy, które ich łączą. Dzięki temu można by rozwiązać połowę problemów na świecie.

Prawo Jante

– Co pan myśli o księżniczce Marcie Luizie?

Norweski dziennikarz przeprowadzał ze mną wywiad nad brzegiem Jeziora Genewskiego. Zwykle odmawiam odpowiedzi na pytania, które nie dotyczą mojej pracy, lecz w tym przypadku jego ciekawość była uzasadniona. Na swoje trzydzieste urodziny księżniczka wystąpiła w stroju z wyhaftowanymi imionami osób, które odegrały ważną rolę w jej życiu. Między innymi znalazło się tam moje nazwisko (żona uznała to za świetny pomysł i postanowiła zrobić to samo na swoje pięćdziesiąte urodziny, dodając na sukience napis: „Z inspiracji księżniczki Norwegii").

– Myślę, że jest osobą wrażliwą, delikatną i inteligentną – odpowiedziałem. – Miałem okazję poznać ją w Oslo. Przedstawiła mnie swojemu mężowi, który również jest pisarzem.

Przerwałem, lecz po chwili nie mogłem się powstrzymać i dodałem:

– No właśnie, czegoś tutaj nie rozumiem. Dlaczego norweska prasa zaczęła krytykować jego twórczość, kiedy ożenił się z księżniczką? Przedtem recenzje były pochlebne.

Nie było to pytanie, raczej pewnego rodzaju prowokacja, gdyż z góry znałem odpowiedź. Opinie zmieniły się, ponieważ ludzie zazdrościli mu, a to najbardziej dotkliwe z ludzkich uczuć.

Jednak dziennikarz okazał się mądrzejszy, niż myślałem.

– Ponieważ złamał prawo Jante*.

Oczywiście, nigdy o czymś takim nie słyszałem, więc wyjaśnił mi, w czym rzecz. W czasie późniejszej podróży po Skandynawii zorientowałem się, że trudno znaleźć kogoś, kto by tego prawa nie znał. Choć istnieje od zarania dziejów, formalnie zostało ogłoszone dopiero w 1933 roku przez pisarza Aksela Sandemose'a w opowiadaniu *Uciekinier przełamuje bariery*.

Smutne jest to, że prawo dotyczy nie tylko Skandynawii, ale wszystkich krajów na świecie, choć Brazylijczyk pewnie westchnie: „Takie rzeczy dzieją się tylko u nas", a Francuz powie z przekonaniem: „Niestety, tak jest właśnie u nas". Czytelnik, być

---

* Jante – nazwa miasta pojawiająca się w książkach A. Sandemose'a; jego pierwowzorem był duński port Nykøbing (przyp. tłum.).

może, traci już cierpliwość, gdyż przeczytał połowę tekstu, a nie wie, czego dotyczy prawo Jante. Postaram się więc streścić je własnymi słowami:

Jesteś nic niewart, nikogo nie interesuje, co myślisz, bądź przeciętny i anonimowy – to najlepsza droga. Postępując w ten sposób, unikniesz poważniejszych problemów w życiu.

W tym kontekście prawo Jante ukazuje, czym są uczucia zazdrości i zawiści, przyprawiające o ból głowy takich ludzi jak Ari Behn, mąż księżniczki Marty Luizy. To tylko jeden z negatywnych aspektów tego prawa, ale jest coś o wiele groźniejszego.

Dzięki niemu światem na wiele sposobów manipulują ludzie, którzy nie licząc się z cudzymi opiniami, świadomie wyrządzają wiele zła. Jesteśmy świadkami bezsensownej wojny w Iraku, która wciąż pochłania wiele istnień. Widzimy wielką przepaść dzielącą bogate i biedne kraje, wszechobecną niesprawiedliwość społeczną, wymykającą się spod kontroli przemoc, ludzi, którzy z powodu oszczerczych i tchórzliwych ataków muszą rezygnować z marzeń. Przed rozpoczęciem drugiej wojny światowej Hitler wiele razy dawał do zrozumienia, jakie są jego intencje, i robił swoje, gdyż zgodnie z prawem Jante nikt nie odważył mu się przeciwstawić.

Przeciętność bywa wygodna do czasu, gdy do drzwi zapuka tragedia, a wtedy ludzie zadają sobie pytanie: „Dlaczego nikt nie zareagował, skoro wszyscy widzieli, co się święci?”.

To proste: nikt się nie odezwał, bo inni milczeli.

Tak więc, aby sprawy nie zaszły za daleko, może należałoby stworzyć antyprawo Jante:

Jesteś więcej wart, niż myślisz. Twoja praca i twoja obecność na ziemi są ważne, nawet jeśli w to nie wierzysz. To prawda, że myśląc w ten sposób, możesz mieć wiele problemów, ponieważ łamiesz prawo Jante. Jednak nie daj się nikomu zakrzyczeć, żyj bez strachu, a wygrasz.

Stara kobieta z Copacabany

Stała ze skrzypcami na deptaku przy Avenida Atlântica*, z tekturową tabliczką, na której ręcznie napisała: „Zaśpiewajmy razem".

Zaczęła grać. Po chwili podszedł jakiś pijaczyna, druga staruszka i włączyli się do śpiewania. Po chwili śpiewał już pokaźny chórek, a wokół powstała równie pokaźna grupa słuchaczy, którzy oklaskami nagradzali kolejne piosenki.

– Dlaczego pani to robi? – spytałem ją w przerwie pomiędzy kolejnymi utworami.

– Bo nie chcę być sama – odparła. – Jestem bardzo samotna, jak większość starych ludzi.

Gdyby wszyscy potrafili tak rozwiązywać swoje problemy...

---

* Avenida Atlântica – turystyczna ulica w Rio de Janeiro, biegnąca wzdłuż Copacabany (przyp. tłum.).

Być otwartym na miłość

Są chwile, kiedy bardzo chcemy pomóc ukochanej osobie, ale nie możemy nic zrobić. Bywa, że okoliczności nie pozwalają, byśmy się do siebie zbliżyli, albo osoba zamyka się na wszelkie próby wsparcia i pomocy.

Wtedy pozostaje tylko miłość. Kiedy wszystko zawodzi, możemy jeszcze kochać – nie oczekując odwzajemnienia, zmian, podziękowań.

Jeśli potrafimy zachować się w ten sposób, energia miłości zaczyna zmieniać otaczający nas świat. Z chwilą gdy ta energia powstanie, może wiele zdziałać. „Człowieka nie zmienia czas. Człowieka nie zmienia siła woli. Zmienia go miłość" – mówi Henry Drummond.

Przeczytałem w gazecie o dziecku z Brasílii, które zostało brutalnie pobite przez rodziców. Na skutek urazów było sparaliżowane i straciło mowę.

Przyjęto je do szpitala Base. Opiekowała się nim pewna pielęgniarka, która codziennie powtarzała: „Kocham cię", choć lekarze zapewniali, że dziecko nie słyszy i kobieta niepotrzebnie się trudzi. Mimo to pielęgniarka wciąż mówiła: „Kocham cię, pamiętaj".

Po trzech tygodniach dziecko zaczęło się ruszać. Cztery tygodnie później mówiło i uśmiechało się. Pielęgniarka nie udzieliła żadnego wywiadu, gazeta nie podała jej nazwiska, ale niech ten tekst będzie dowodem i przypomnieniem, że miłość leczy.

Miłość zmienia, miłość uzdrawia. Czasem jednak tworzy śmiertelne zasadzki i niszczy osobę, która postanowiła się poświęcić. Cóż to za skomplikowane uczucie, które tak naprawdę jest jedynym powodem, dla którego żyjemy, walczymy, staramy się być lepsi?

Próba jej zdefiniowania byłaby naiwnością, gdyż tak jak większość ludzi jestem w stanie jedynie ją odczuwać. Tysiące napisanych książek, wystawionych sztuk, nakręconych filmów, zrymowanych wierszy, wyciosanych z drewna i marmuru rzeźb – wszystko, co stworzył artysta, odzwierciedla wyobrażenie o uczuciu, nigdy samo uczucie.

Ja jednak nauczyłem się zauważać je w małych rzeczach, wiem, że objawia się w najmniej istotnych gestach. Dlatego trzeba zawsze pamiętać o miłości, zarówno wtedy, gdy działamy, jak i wówczas, gdy nie robimy nic.

Chwycić za słuchawkę i wypowiedzieć czułe słowo, którego dotąd nie byliśmy w stanie z siebie wydusić. Otworzyć drzwi i wpuścić kogoś, kto potrzebuje naszej pomocy. Przyjąć propozycję pracy. Rzucić pracę. Podjąć decyzję, którą odkładaliśmy na później. Przeprosić za popełniony błąd, który nie daje nam spać. Domagać się prawa, które nam przysługuje. Wyrobić sobie kartę stałego klienta w kwiaciarni, bo jest ważniejsza od jubilera. Słuchać głośno muzyki, gdy ukochana osoba jest daleko, przyciszyć ją, gdy jest blisko. Umieć powiedzieć „tak" i „nie", gdyż miłość radzi sobie z każdym ludzkim stanem. Znaleźć sport do uprawiania we dwoje. Nie wierzyć w szczególne rady, nawet zawarte w tym tekście, ponieważ w miłości trzeba być twórczym.

Gdy jednak żadna z tych rzeczy nie jest możliwa, pozostaje samotność. Warto więc zapamiętać historię, którą opowiedział mi w liście pewien czytelnik.

Róża dzień i noc marzyła o tym, by zaprzyjaźnić się z pszczołami, ale żadna nie chciała usiąść na jej płatkach.

Mimo to róża nie przestała marzyć. W długie noce wyobrażała sobie, że niebo zapełnia się rojem pszczół, które przylatują, by ją czule ucałować. Dzięki temu mogła dotrwać do następnego dnia, gdy otwierała się na pierwsze promienie słońca.

Pewnej nocy księżyc, widząc jej samotność, zapytał:

– Nie męczy cię to czekanie?

– Trochę. Ale nie mogę się poddawać.

– Dlaczego?

– Jeśli nie rozwinę płatków, zwiędnę.

W chwilach gdy samotność zdaje się niszczyć wszechobecne piękno, jedyne, co nam pozostaje, to otworzyć się na nie.

Uwierzyć w rzeczy niemożliwe

William Blake w jednym ze swoich utworów pisze: „To, co dziś jest rzeczywistością, wczoraj było nierealnym marzeniem". Dlatego mamy samoloty, loty kosmiczne, komputer, na którym wystukuję ten tekst, itd. W słynnym arcydziele Lewisa Carrola *Alicja w krainie czarów* jest dialog pomiędzy główną bohaterką a Królową, która właśnie powiedziała coś niezwykłego.

– Nie wierzę ci – mówi Alicja.

– Nie wierzysz? – powtarza ze smutkiem Królowa. – Spróbuj jeszcze raz, weź głęboki oddech, zamknij oczy i uwierz.

Alicja śmieje się:

– Nie warto próbować. Tylko głupcy wierzą, że rzeczy niemożliwe mogą zdarzyć się naprawdę.

– Myślę, że po prostu brakuje ci doświadczenia – odpowiada Królowa. – Gdy byłam w twoim wieku, ćwiczyłam przynajmniej pół godziny dziennie. Zaraz po porannej kawie próbowałam wyobrazić sobie pięć lub sześć niemożliwych rzeczy, z którymi mogłabym się zetknąć. Dziś widzę, że większość tego, co sobie wyobrażałam, stało się rzeczywistością. Dzięki temu zostałam królową.

Życie wciąż woła do nas: „Uwierz!". Wiara, że w każdej chwili może wydarzyć się cud, potrzebna jest po to, by odczuwać radość, ale także po to, by czuć się bezpiecznie, żeby usprawiedliwić swoje istnienie. W dzisiejszych czasach większość ludzi nie wierzy, że można zwalczyć biedę, żyć w sprawiedliwym społeczeństwie, ograniczyć narastające z każdym dniem waśnie religijne.

Większość ludzi pod byle pretekstem unika wyzwania. Konformizm, dojrzałość, strach przed ośmieszeniem, poczucie bezsilności. Widzimy, jak osoby wokół nas dotyka niesprawiedliwość, i milczymy. „Nie będę wdawał się w byle sprzeczkę" – tłumaczymy.

Taka postawa to tchórzostwo. Kto rozwija się duchowo, ma wewnętrzny kodeks moralny, którym się kieruje. Bóg zawsze usłyszy głos człowieka przeciwstawiającego się złu.

Często jednak spotykamy się z następującym komentarzem: „Całe życie wierzę w marzenia, staram się walczyć z niesprawiedliwością, ale zawsze kończy się to rozczarowaniem".

Wojownik światła wie, że warto toczyć z góry przegrane bitwy, dlatego nie obawia się rozczarowań. Zna wartość swego oręża i siłę miłości. Bez wahania odwraca się od ludzi, których nie stać na podejmowanie decyzji, którzy próbują innych obarczyć odpowiedzialnością za zło tego świata.

Jeśli ktoś nie walczy z niesprawiedliwością – nawet gdyby przekraczało to jego siły – nigdy nie odnajdzie swej drogi.

Arash Hejazi przysłał mi kiedyś list, w którym pisał:

„Dziś szedłem ulicą i złapała mnie straszliwa ulewa... Dzięki Bogu miałem ze sobą parasol i płaszcz. Były jednak w samochodzie, który stał zaparkowany gdzieś daleko. Kiedy po nie biegłem, pomyślałem, że oto dostałem od Boga jakiś znak. Zawsze mamy coś zawczasu przygotowanego na wypadek burzy, którą może zgotować nam życie, ale zwykle trzymamy te przydatne rzeczy schowane głęboko w sercu. Tracimy czas, próbując je znaleźć, a gdy wreszcie je odnajdujemy, okazuje się, że żywioł zdołał nas pokonać".

Bądźmy więc zawsze gotowi, w przeciwnym razie albo stracimy szansę, albo przegramy bitwę.

Zbliża się burza

Wiem, że zbliża się burza, ponieważ sięgam daleko wzrokiem i wyraźnie widzę horyzont. To prawda, że światło trochę mi w tym pomaga. Jest późne popołudnie, co sprawia, że zarys chmur zdaje się ostrzejszy. Wyraźnie widzę błyskawice.

Żadnego hałasu. Wiatr nie jest silniejszy ani słabszy niż przedtem. Mimo to wiem, że nadchodzi burza, gdyż nauczyłem się obserwować horyzont.

Zatrzymuję się. Nie ma nic bardziej frapującego, a zarazem przerażającego od obserwowania nadchodzącej burzy. Pierwsza rzecz, jaka przychodzi mi do głowy, to poszukać schronienia, ale to może być niebezpieczne. Kryjówka może zmienić się w pułapkę, za chwilę wiatr przybierze na sile i będzie na tyle gwałtowny, że zacznie niszczyć dachy, łamać gałęzie, zrywać druty wysokiego napięcia.

Przypomina mi się pewien znajomy, który spędził dzieciństwo w Normandii. Potrafi ze szczegółami opowiadać o lądowaniu wojsk alianckich we Francji zajętej przez nazistów. Nigdy nie zapomnę jego słów:

„Kiedy się obudziłem, horyzont był zapełniony statkami wojennymi. Na plaży przed domem żołnierze niemieccy wpatrywali się w ten sam punkt co ja. Najbardziej przerażała mnie cisza. Całkowita cisza, która poprzedza bitwę na śmierć i życie".

W tej chwili otacza mnie taka właśnie cisza. Powoli zaczyna ustępować dźwiękom, delikatnym odgłosom bryzy wiejącej znad pól kukurydzy, które są wszędzie wokół. Burza jest coraz bliżej, a w ciszę z wolna wkrada się szmer liści.

Przeżyłem burzę wiele razy w życiu. Zwykle ulewa łapała mnie znienacka. Dlatego bardzo szybko nauczyłem się patrzeć w dal i zrozumiałem, że muszę pamiętać o kilku rzeczach – nie mam wpływu na to, co się stanie, więc muszę nauczyć się cierpliwości i szanować gwałtowne wybuchy natury. Nie zawsze jest tak, jakbym chciał, ale trzeba się do tego przyzwyczaić.

Wiele lat temu skomponowałem muzykę do tekstu: „Nie boję się już deszczu / bo gdy spada na ziemię / przynosi skarby z powietrza". Najlepiej opanować strach, być godnym tego, co się napisało, czyli zrozumieć, że nawet najgorsza nawałnica kiedyś minie.

Wiatr się wzmaga. Jestem na otwartym polu, w oddali widać drzewa, które – czysto teoretycznie – powinny przyciągnąć pioruny. Nawet jeśli zmoknę do suchej nitki, moja skóra i tak jest nieprzemakalna. Dlatego, zamiast szukać bezpiecznego schronienia, warto podziwiać wspaniałe widoki.

Mija kolejne pół godziny. Mój dziadek, który był inżynierem, lubił uczyć mnie praw fizyki w formie zabawy. „Kiedy zobaczysz błyskawicę, licz sekundy do usłyszenia grzmotu, pomnóż je przez 340. To będzie prędkość dźwięku. Dzięki temu zawsze będziesz wiedział, w jakiej odległości jest burza". Choć brzmi zawile, robię to od dziecka. Teraz burza jest o dwa kilometry stąd.

Jeszcze jest na tyle jasno, że widzę zarys chmur, które piloci nazywają CB – *cumulus nimbus*. Wyglądają jak kowadło, jakby kowal wykuwał w niebie miecze dla zagniewanych bogów, którzy pewnie teraz przechodzą gdzieś nad miasteczkiem Tarbes.

Obserwuję nadchodzącą burzę. Jak każda burza, także i ta niesie ze sobą zniszczenie, ale jednocześnie nawadnia pola, a z deszczem spada na ziemię niebiańska mądrość. Jak każda burza, i ta wkrótce przejdzie. Im gwałtowniejsza, tym szybciej minie.

Dzięki Bogu umiem stawić czoło burzom.

Zakończmy tę książkę modlitwą...

Dhammapada (przypisywana Buddzie)

Lepiej, żeby zamiast tysiąca słów
Było jedno, lecz takie, co niesie Pokój.
Lepiej, żeby zamiast tysiąca wierszy
Był jeden, lecz taki, co ukazuje Piękno.
Lepiej, żeby zamiast tysiąca pieśni
Była jedna, lecz taka, co niesie Radość.

Mevlana Jelaluddin Rumi, wiek XIII

Między tym, co słuszne, i tym, co błędne, rozciąga się wielka przestrzeń.
Tam się spotkamy.

Prorok Mohammed, wiek VII

O, Allahu! Przychodzę do Ciebie, gdyż Ty wiesz wszystko, pojmujesz nawet to, co ukryte.

Jeśli to, co robię, jest dobre dla mnie i dla mojej wiary, dla mojego życia teraz i potem, uczyń me zadanie łatwym i radosnym.

Jeśli zaś to, co robię, jest złe dla mnie i dla mojej wiary, dla mojego życia teraz i potem, trzymaj mnie z dala od takich zadań.

Jezus z Nazaretu, Mateusz 7; 7-8

Proście, a będzie wam dane.

Szukajcie, a znajdziecie.

Kołaczcie, a otworzą wam.

Albowiem każdy, kto prosi, otrzymuje, kto szuka, znajduje, a kołaczącemu otworzą.

Żydowska modlitwa o pokój

Wejdźmy na górę do Pana, byśmy mogli z Nim się przechadzać. Zamieńmy miecze na pługi, a włócznie na owocowe kosze.

Aby żaden naród nie podniósł miecza przeciw drugiemu, byśmy już nigdy nie musieli uczyć się sztuki wojowania.

I by nikt nie bał się sąsiada, bo tak powiedział Pan.

Lao Tsu – VI w. p.n.e.

Aby pokój zapanował na świecie, trzeba, by narody żyły w zgodzie.

By narody żyły w zgodzie, jedno miasto nie może powstać przeciw drugiemu.

By w miastach panował pokój, sąsiedzi muszą się nawzajem rozumieć.

By w domu zapanował spokój, trzeba odnaleźć go we własnym sercu.

Ela sąsiadka
507 953 081